| 职业教育电子商务专业 系列教材 |

网店文案创作实务

主 编／刘 月

副主编／何 珊

参 编／（排名不分先后）

吴惠梅 张 征 陈月霞 孙资颖

周 喆 黎奕林 林 雅

重庆大学出版社

内容提要

本教材主要由初识电商文案、如何抓取关键词、店铺首页文案、详情页文案、店铺促销活动文案、客户服务文案、电商平台文案内容解析七个项目组成，是电子商务的专业方向课程用书。

本教材由教学情境导入，便于学生熟悉网店运营不同环节中文案编写的重心与要求。文中配以图片和生动的讲解，帮助学生掌握文案的基础知识和策划技巧，使其具备电子商务文案策划岗位的基本技能和职业素养，使学生毕业之后能尽快地进入电商文案岗位角色，顺利地投入工作。

本教材可作为职业院校的电子商务、市场营销等商贸类专业及计算机相关专业学生的教材，也可作为企事业单位从事电子商务工作人员的参考用书，或作为电子商务爱好者的读物。

图书在版编目(CIP)数据

网店文案创作实务 / 刘月主编. -- 重庆：重庆大学出版社，2021.1（2025.1重印）
职业教育电子商务专业系列教材
ISBN 978-7-5689-2239-5

Ⅰ.①网… Ⅱ.①刘… Ⅲ.①网店—广告文案—写作—职业教育—教材 Ⅳ.①F713.365.2

中国版本图书馆 CIP 数据核字(2020)第 198356 号

职业教育电子商务专业系列教材
网店文案创作实务
WANGDIAN WENAN CHUANGZUO SHIWU
主 编 刘 月
副主编 何 珊
策划编辑：王海琼
责任编辑：谭 敏 版式设计：谭 敏
责任校对：王 倩 责任印制：赵 晟

*

重庆大学出版社出版发行
出版人：陈晓阳
社址：重庆市沙坪坝区大学城西路 21 号
邮编：401331
电话：(023) 88617190 88617185(中小学)
传真：(023) 88617186 88617166
网址：http://www.cqup.com.cn
邮箱：fxk@cqup.com.cn(营销中心)
全国新华书店经销
重庆市正前方彩色印刷有限公司印刷

*

开本：787mm×1092mm 1/16 印张：15 字数：376 千
2021 年 1 月第 1 版 2025 年 1 月第 4 次印刷
印数：7 001—9 000
ISBN 978-7-5689-2239-5 定价：39.00 元

编写人员名单

主　编　刘　月　中山市中等专业学校

副主编　何　珊　佛山市顺德区李伟强职业技术学校

参　编　吴惠梅　佛山市南海区九江职业技术学校

　　　　　张　征　中山市中等专业学校

　　　　　陈月霞　中山市现代职业技术学校

　　　　　孙资颖　广东省科技职业技术学校

　　　　　周　喆　广东省轻工职业技术学校

　　　　　黎奕林　广东省财经职业技术学校

　　　　　林　雅　广东省财经职业技术学校

前　言

　　近年来,电子商务迅猛发展,带来了网络零售市场的蓬勃生机。从每年"双十一"的全民狂欢到吸引眼球的"猫狗大战",越来越多的消费者关注网络零售市场。与此同时,越来越多的商家更乐于倾注心血占领网络零售市场。若想做到这点,网店文案的作用不容忽视。全方位、多角度地介绍商品,用文案内容激发消费者的购买欲望,体现同类商品之间的差异与特色,不仅关系到商品销售的成败,还与网店的转化率、成交量直接相关。因此,优秀的网店文案是企业效益的保障。

　　然而,运营网店就如同带领商品与消费者"交友"的过程。店招如同名片,以诚示人;首页海报如同脸面,决定第一印象的好坏;走进详情页如同走进"内心",可以全面、细致地展示商品的内涵;客服的内容体现了"交友"的忠诚度。每个环节的文案都有着不同的功能与使命,其知识内容也不尽相同。

　　本教材通过网店运营全过程的项目、任务的设计,让学生身处其中,在完成实际任务的同时掌握每部分文案的基础知识和策划技巧,掌握电子商务文案策划岗位的基本技能,具备创作电商文案的职业素养;同时,掌握网店各模块的营销特点,具备寻找消费者痛点、需求点的能力;能熟练运用各种方法撰写文案。

在采用本教材进行教学时,可参考如下学时分配:

序　号	项　　目	参考学时
1	初识电商文案	8
2	如何抓取关键词	12
3	店铺首页文案	12
4	详情页文案	10
5	店铺促销活动文案	10
6	客户服务文案	10
7	电商平台文案内容解析	8
合　计		70

本教材配有电子课件、电子教案以及试卷供教师教学参考,需要者可到重庆大学出版社的资源网站(www.cqup.com.cn)下载。

本教材由刘月担任主编,何珊担任副主编。其中:项目1由刘月、何珊、孙资颖编写;项目2由陈月霞、周喆编写;项目3由林雅、黎奕林编写;项目4由张征编写;项目5由林雅、孙资颖编写;项目6由吴惠梅、周喆编写;项目7由刘月编写。

在教材的编写过程中,作者浏览了许多相关网站,借鉴、引用了相关网站运营、网络客服的资料,并得到了广东科技职业技术学院曹婷博士的大力支持,在此深表感谢。

由于编者水平有限,书中难免出现疏漏之处,敬请广大读者批评指正。

编　者
2020 年 1 月

目　录

www.🛒.com

项目 1　身边的作家——初识电商文案

项目综述

　　网店的电商文案策划岗位在前几年几乎多余到不可想象。把时间往前推移几年,几乎所有淘宝店的相关文字都是由美工甚至是其他人员完成的。随着 2016 年下半年,电商内容化的风潮席卷电商圈,越来越多的商家意识到没有好的内容产出能力,电商的营销与推广将变得越来越困难。那么电商文案策划这个岗位究竟要具备哪些技能? 文案策划专业又包括哪些具体知识呢?

　　小涛和小雅是电子商务专业的学生,他们参与了校企合作的项目,并被安排在策划部跟岗学习。部门张主管首先带他们熟悉了工作环境,并认识了新同事,接下来要给他们进行初步的岗前培训。

项目目标

通过本项目的学习,应达到的具体目标如下:

知识目标

➤　理解电商文案的概念和作用

➤　认识电商文案策划包含的专业内容

➤　理解电商文案从业人员的业务范围

能力目标

➤ 具备基本的写作能力

➤ 能够留意电商圈里的经典文案

➤ 能够快速把握企业产品特性

情感目标

➤ 对文案策划工作充满热情

➤ 具有勤学好问的工作态度

项目任务

任务 1　什么是电商文案
任务 2　电商文案的类型
任务 3　何为金牌文案

任务 1　什么是电商文案

情境设计

张主管带着小涛和小雅熟悉工作环境,并给他们欣赏了同事们的作品,小涛和小雅对同事们策划的文案内容赞不绝口。他们没想到貌似简单的文案工作,也可以策划得精彩纷呈。张主管向他们介绍了文案岗位的工作内容和岗位职责,并对他们提出了岗位要求。

文案策划岗位不仅需要有基本的写作能力,更要有一双善于观察世界的眼睛。张主管要求小涛和小雅多收集成功的文案策划案例,并归纳总结文案中的优点。同时,要勤于向部门其他同事学习。不仅要熟悉自己岗位的任务,更要与其他部门积极配合,做到熟悉产品特性、统一经营理念、提高文案策划技能。

任务分解

本次的任务是认识文案策划的岗位要求,了解该岗位的发展情况和企业用人需要。同时理解文案策划的概念和重要作用,树立对岗位的信心。

本任务可以分解为两个活动:走近电商文案;理解电商文案的作用。

活动 1　走近电商文案

活动背景

电商文案策划是非常重要的岗位。不论是电子商务企业,还是实体企业的电商部门,对文案策划人才的需求日益增加。因此,对岗位职责的全面了解、对文案策划专业知识的深入学习变得至关重要。

活动实施

1. 文案的发展历程

(1)传统的文案

传统的文案是指广告作品中的所有语言文字,如图1.1.1所示。而随着新媒体时代的到来,逐渐发展为基于网络平台传播的文案,这些文案以商业目的为写作基础,通过网站、论坛、微博和微信等交流平台进行发布,达到让浏览者信任并激起其购买欲望的目的。

图1.1.1　传统文案——杂志广告上的文字　　　图1.1.2　简单文案——"不愁滞销"

(2)文案的发展阶段

随着市场经济的不断发展和完善,文案也走过了属于它的几个阶段。这里大致概括为以下3个阶段:

第一阶段:简单(信息通知)文案阶段。

本阶段的文案是随着"酒香不怕巷子深"而来,在卖方市场环境下,市场上品种少,消费缺乏,产品供不应求,营销模式更为简单,信息一告之,便是"大江内外一片红",商家几乎是坐等卖空,不愁滞销,例如当年火遍大江南北的护肤品牌"大宝"的广告语,如图1.1.2所示。

第二阶段:混合(整合)文案阶段。

随着市场化程度的加深,市场开始慢慢饱和,企业之间竞争的重心也不断地转移,由最初的产品竞争到品牌竞争,再由品牌竞争到文化竞争。商家不得不想方设法地研究市场和消费者,讨好消费者,因此,这个阶段的文案讲求心理战术,即迎合消费者心理的文案。有的商家更是将消费者的各种诉求堆砌在一篇文案之中,如图1.1.3所示,把"减负"作为卖点,混合降价、商品对比的手法,达到"总有一种诉求刺痛你"的效果。

第三阶段:细分(针对性)文案阶段。

这个阶段的市场已逐渐转变为买方市场,竞争前所未有的激烈。而在文案方面的重点突破,不再是"顾全大局"了,商家在研究消费者心理后,对其消费心理进行细分,从中找出最具代表性的一个"需求点",然后将其放大,形成更有针对性的文案,如图1.1.4所示。

图 1.1.3　混合文案——"总有一种诉求刺痛你"　图 1.1.4　细分文案——放大"需求点"

经过这 3 个阶段后,如今的文案已更加多样化,内容也趋向通俗、易懂,具有一定的"杀伤力"。

图 1.1.5　电商文案
定义——商品广告中的文字

2. 电商文案的定义

通常来说,电商文案有以下两层含义:

一是文案作品,即在电子商务环境中为产品写下打动消费者内心,进而打开消费者钱包的文字,是商品广告内容的文字化表现,如图 1.1.5 所示。这种文案大多以商业目的为写作基础,通过网站、论坛、微博和微信等交流平台进行发布、传播。

二是电商文案工作者,即专门从事电商文案创作的人。

事实上,电商文案并不是对传统文案的完全颠覆,相较于传统文案,它不仅要有过硬的文字功底、无限的创意,更要有与受众沟通的能力。由于互联网时代的传播特性,消费者获取商品信息的方式有了质的变化。以前消费者主要靠商家宣传、权威认证等手段来获取商品信息,现在变得越来越多元化。因此,通过文案内容贴近消费者需求,打动、说服消费者,打消他们的疑虑,促进交易的产生和完成,成为电商文案的重要工作。

3. 电商文案的基本要求

(1) 文字规范、主题鲜明

文字准确、规范是文案写作最基本的要求。广告文案中的语言表达不仅要规范完整,避免语法错误或表达残缺,更要准确无误,避免产生歧义或误解。如图 1.1.6 所示的文案"汗的味道和水一样吗?",就给消费者不好的联想。

同时,广告文案要鲜明地突出主题,语言要尽量通俗化、大众化,避免使用冷僻以及过于专业化的词语,如图 1.1.7 所示"玩转"一词正符合年轻消费群体的喜好。

图 1.1.6　宝矿力的广告语

图 1.1.7　立顿茶的广告语

（2）用词简练、切中要领

文案在文字语言的使用上，要简明扼要、精练概括。首先，要以尽可能少的语言和文字表达出广告产品的精髓，实现有效的广告信息传播。其次，在充分理解产品特点和受众需求的基础上制订文案内容，如图 1.1.8 所示。这样不仅有助于吸引广告受众的注意力，更能打动受众，促进销售。

> **蚂蚁金服文案**
> 每个认真生活的人，都值得被认真对待。

图 1.1.8　蚂蚁金融的宣传语

（3）生动形象、创意难忘

文案生动形象能够吸引受众的注意，激发他们的兴趣，从而刺激消费，实现产品销售。国外研究资料表明：文字、图像能引起人们注意的百分比分别是 35% 和 65%。因此，文案创作采用生动活泼、新颖独特的语言，同时辅助有视觉冲击力的图片，更能达到事半功倍的效果，图 1.1.9 就是个很好的例子。

图 1.1.9　某快餐推出的宣传海报

（4）朗朗上口，易于传播

文案是宣传商品的重要手段，在突出广告定位，很好地表现广告主题和广告创意，产生良好的广告效果的基础上，其语音必须易识别、易记忆和易传播。这样才能尽量扩大文案的影响力，强化宣传效果。需要注意的是，要避免过分追求语言的音韵美，而忽视广告主题，出现生搬硬套的现象，如图1.1.10所示。

图1.1.10　万科的宣传文案

4. 避开误区，正确认识电商文案

（1）文案≠机械工作≠套入公式的工程

文案的写作方法有很多，比如三段式写作法或九宫格思考法，但这些过于公式化的方法如果被使用得太多，消费者心理就会产生抵抗力，从而达不到预期的效果，如图1.1.11所示。其实，回归电商文案本身，最为关键的并不是"方法高深"，而是文案"目的明确"，但在文案写作过程中，这一点往往最容易被忽略。公式的使用是可以灵活巧用，它无时无刻不在培养消费者的逻辑和语感，也的确可以给人以美的感受和遐想。但无论如何，公式只是基础中的基础，谁也无法否认文案都是为了达到你的转化目标而存在的，而电商文案效果最终要用销售结果来衡量。

图1.1.11　句式的作用

（2）文案≠编辑

文案与编辑有着很大的不同，最大的区别在于：编辑更注重描述"自我"——抓卖点；而文案更注重描述"自我与他人"的关联——讲诉求。

编辑是通过内容影响用户，因为一般来说，媒体的内容即是"产品"，是无形的。而文案是要把实体产品的品牌传达给目标用户，如图1.1.12所示卡夫旗下品牌如此之多，但仍以"KRAFT"为方案核心，体现产品的实力。文案撰写的好与坏取决于品牌与用户是否匹配，是否达到了提升品牌认知度和销量的目的。

图 1.1.12　卡夫食品

（3）文案≠拍脑门

撰写文案的思维有时也可以进行创新,当然这种创新绝非拍脑门就能完成的,下面看看 ThinkPad 当年的广告语"让思想更有力",把"Think"本身的字义写到广告中,这种文案带有些引人入胜的自豪情绪在里面——"更有力"。想做到一针见血地表达"自己",试试用倒推的思维顺序去创作充满意境与态度的文字,其实才更理性,更沉稳,更为企业实际所需。至于我们的脑袋是用来思考的,不是用来拍的。

想一想　你能举例生活中给你留下深刻印象的电商文案吗?

活动小结

小涛和小雅大概理解了电商文案策划岗位的职责与能力要求,并对电商文案的基础知识有了更深入的认识,为了更好地完成接下来的实习任务,他们还主动申请去公司的其他部门参观,张主管对他们的积极态度大加赞赏。

做一做　电商文案人员要想顺利完成一份策划案,需要与哪些部门协作呢?

活动 2　理解电商文案的作用

活动背景

电商文案创作者可以创作文案,或将不同的词语重塑,但无论如何都要具备卓越的思考能力,要深刻理解商业的本质,明确所服务企业的商业模式,分析在该商业模式下怎样利用适当的文案,帮助企业做到利润、好感度和诚信度的最佳值。

活动实施

小文案,大作用——电商文案在网店营销中的作用

在现今新消费时代的背景下,人们对商品的需求越发多元化,除了要满足其实际需求外,还要满足其潜在的心理需求,文案的出发点并不只是让人喜欢,而是实现促进产品销售、促进品牌资产积累的作用。电商文案的出现,很好地解决了这些问题,不仅可以展现商家自

己的文化和商品,还能更好地体现消费者的需求,吸引消费者进行购买。文案虽小,在网店营销中的作用却很大,具体来说,包括以下几个方面:

(1)增进信任,激发消费

电商文案是一种带有销售性质的文案,以网店文案为例,它的主要目的是让消费者愿意通过文案去感受它的呼吸,寻找它的形态,甚至试图与它进行交流,将消费者的潜在需求激发出来,使消费者产生共鸣,促进消费者产生购买的欲望。

如果将电商文案看作一种销售行为,销售基于信任,如图 1.1.13 所示的移动电源便是信任消费者的充分表现,而文案便是能够建立起商家与消费者之间信任的桥梁。如网店中商品详情页的信息展示、第三方评价、权威机构认证等都是很好的途径。不仅如此,文案还能更准确地揣摩消费者的心理,从多方面出发,做到动之以情晓之以理,激发出消费者平时没有关注到的潜在需求,引起消费者情感上的共鸣,促使消费者产生购买动机。

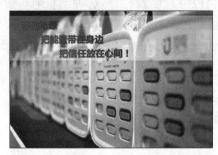

图 1.1.13　街电共享充电宝

俗话说:信任就像一张纸,皱了,即使抚平,也恢复不了原样。一篇好的文案,首先要取得消费者的信任,才能激发购买欲。信任,就是成交的货币。一篇能赢得消费者信任的文案,绝不是华丽炫酷的代名词,它是能够把产品用简单明了而又能够打动消费者的语言传递给受众,激发受众的购买热情。

网店文案这样写,顾客信任不断增。

①背书够权威。

任何年代,权威认证都是不过时的。

语言本身会因为说话者的身份而赋予价值。比如邀请明星和专业人士代言。

著名的运动品牌 NIKE,就经常请运动明星打广告。

NIKE 以"Find Your Fast"的名义,聚集起 13 位明星代言人。世界顶级运动员们在广告中展示了他们的共同目标——"快",如图 1.1.14 所示。

图 1.1.14　NIKE 的背书案例

当然,除了明星效应,还有专家代言,因为很多关于产品专业性的知识点,必须有专家出场才显得更权威,专家、医生的话似乎更能赢得消费者的信任,如图1.1.15所示。

图1.1.15 舒适达牙膏的广告文案

专家通过实验告诉你,这是一款全新的、突破性的牙膏,舒适达专业修复牙膏,能够修复你牙齿的敏感部位。

②事实证明。

俗话说,真实就是一切。如果你的产品有这样或者那样的优势,如何才能够让消费者相信呢?

用实验来证明是个不错的方法。

比如ThinkPad T460s电脑在一系列极限环境下的严格测试视频,如图1.1.16所示。

图1.1.16 ThinkPad T460s实验式广告文案

③顾客证言。

自己再怎么说好,都会给人一种"王婆卖瓜,自卖自夸"的感觉,他人眼中的好才是真的好。在电商行业,只有当顾客说好,那就是真的好了。正如我们会根据豆瓣的评分决定是否去看这场电影,我们在网上购物前习惯性地去看用户评价、查阅用户提问等栏目。商家结合这些顾客的视频与文案,使潜在顾客对产品更加信任。

④化解顾虑。

当顾客有了一定的信任感后,却还是犹犹豫豫,这时候,就需要最后的推力:做出承诺,化解顾虑。淘宝上大部分商家都支持"7天无理由退换货",如图1.1.17所示。

图1.1.17 7天无理由退换货的文案

销售文案和广告语,短短一两句话,就得到消费者的信任。取得消费者信任的方法可以尝试利用人性:第一点,人相信简单的、详细的、可量化的表达,怀疑复杂的、模糊不清的表达。第二点,人相信熟悉的事情,排斥陌生的事情。第三点,人相信符合固有认知的事情,不相信违背固有认知的事情。

(2)树立品牌,积累资产

随着市场不断变大,产品竞争不断加剧,产品品牌之间的竞争也越来越受到商家的重视,而且许多消费者选购商品时也容易受到品牌的影响。1991 年,大卫·艾克在前人的基础上提炼出品牌资产的"五星"概念模型。他认为品牌资产是由品牌认知度(Perceived Brand Quality)、品牌知名度(Brand Awareness)、品牌联想度(Brand Association)、品牌忠诚度(Brand Loyalty)和其他品牌专有资产五部分组成的,如图 1.1.18 所示。

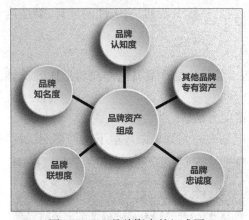

图 1.1.18　品牌资产的组成图

● 品牌认知度:消费者对某一品牌在品质上的整体印象。它的内涵包括功能、特点、可信赖度、耐用度、服务度、效用评价、商品品质的外观。它是品牌差异定位、高价位和品牌延伸的基础。

● 品牌知名度(品牌形象):消费者对一个品牌的记忆程度。品牌知名度可分为无知名度、提示知名度、第一未提示知名度和第一提示知名度 4 个阶段。

● 品牌联想度:通过品牌产生的所有联想,是对产品特征、消费者利益、使用场合、场地、人物和个性等方面的人格化描述。

● 品牌忠诚度:消费者对某种品牌的心理决策和评估过程。根据品牌忠诚度,可将消费者分为五个等级:无品牌忠诚者、习惯购买者、满意购买者、情感购买者和承诺购买者。

● 附着在品牌上的其他资产:品牌有何商标、专利等知识产权,如何保护这些知识产权,如何防止假冒产品,品牌制造者拥有哪些能带来经济利益的资源,如客户资源、管理制度、企业文化、企业形象等。

撰写电商文案,尤其是撰写品牌故事,可以将企业和产品品牌以形象、生动的文字表达出来,让消费者了解品牌的形成过程、品牌所倡导的企业文化精神、品牌所代表的寓意等。增加消费者对品牌的好感和信任度,提高品牌的形象,逐渐积累起品牌的知名度和美誉度。

(3)强化整合,促进互动

电商文案基于网络平台可以无处不在,而电商文案的创意原点在于推动成交,商家强化对文案的整合、促进互动和宣传推广都可以通过各种平台完成,以提高文案的效果。比如商家利用网页、邮件、微博、论坛、QQ、微信等对文案进行整合营销传播,如图 1.1.19 所示,及时与消费者沟通互动,不但能及时获得公众的意见和回复,形成讨论与话题,而且如果互动的范围和讨论的话题具有一定的热点,还能更好地进行宣传与营销,达到事半功倍的效果。

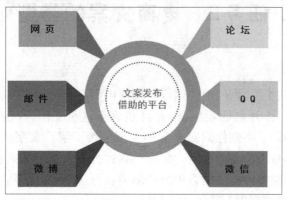

图 1.1.19　文案发布借助的各大平台

(4)增加链接,提升流量

电商文案的一个优点是可以添加外部链接,以便消费者可以通过单击这些外部链接访问更多的网页,了解企业或商品的更多信息。另外,从搜索引擎优化的角度来考虑,外部链接越多的网页,越能够被搜索引擎发现和收录。这就表明网页越容易被消费者搜索到。这样流量也会逐渐上升。

消费者的需求得到满足时,就会产生愉悦的心理感受,同时会对满足其需求的产品或品牌产生好感。而文案就是为了实现与客户的良好沟通,改变消费者的固有观念,促使消费者产生购买行为并树立产品和品牌的良好形象而产生的。

产品的长期销售需要企业有效地塑造品牌形象,优秀的广告文案必须承担起塑造品牌或企业形象的责任,如图 1.1.20 所示。这就要求广告文案能准确、有效地展示产品或企业独特的个性,并通过长期传播,最终将这种个性升华为品牌内涵。

图 1.1.20　塑造品牌
形象的文案

想一想　请举例说明电商文案是如何利用新媒体进行整合营销的?

活动小结

小涛和小雅对电商文案的作用越发明了,他们勤奋好学,自觉地分析优秀文案背后的意义、作用,分析优秀文案撰写人的写作目的,分析优秀文案呈现出的效果有哪些方面等。这些分析对他们撰写文案有很大的帮助。他们决定把之前写的文案找出来进行认真修改,不断完善。他们的态度得到了张主管的肯定。张主管还鼓励他们继续努力,相信他们会写得更好。

做一做　电商文案人员在撰写文案之前,需要明确哪些信息呢?

任务 2　电商文案的类型

情境设计

张主管叫来小涛和小雅,询问他们这段时间对电商文案工作的熟悉情况。张主管说"看到你们选择文案这份工作开启职业生涯,并且热衷于这份工作,我很开心。虽然都是写文案,但文案类型大有不同。不知你们对文案的类型是否了解?"文字的魅力不仅在于华美的辞藻,更重要的是其本身所具备的力量。那么创作这种有力量的文案前,要明确想写哪种类型的文案,当然在选择类型时需要结合甲方产品的特点、企业文化等诸多因素,所以"路漫漫其修远兮",你们要不断求索啊!

随后,张主管给小涛和小雅布置了新的任务,让他们把平日搜集到的文案进行分类,看看会有什么收获。

任务分解

本次的任务是认识电商文案的分类,了解不同类型的电商文案的特点及使用方法,学会在创作文案前选择适合的类型文案,以充分展现产品价值、激发消费者购买欲望、促进成交。

本任务可以分解为 4 个活动:动机型文案、暗示型文案、实力型文案、梦想型文案。

活动 1　撰写动机型文案

活动背景

电商文案的创作者必定是积极向上、热爱生活、充满正能量的人。在通常情况下,更多文案人应该是爱读书、爱运动、爱浪漫、爱音乐的理性与感性并存的人。文案人应始终坚信文字的力量,他们思维缜密,能通过洞察消费者痛点,用创新的、富有感召力的文字表达方式敲击消费者心灵,引起消费者共鸣。

活动实施

1. 动机型文案特点

(1)场景选得好　卖家少烦恼

动机型文案给消费者一个具象化的理由。具体的做法通常是把产品置身于常见的场景中,使消费者根据自己的生活经验和常识,形成对产品功能的认知,能够根据文案的描述在脑海里瞬间感受到在这种场景下使用该产品的好处,从而判断该文案所描述的情况是否值得信赖,能否满足自己的消费需求,如图 1.2.1 所示。如果商家的产品与对手的相比没有太多的竞争力，或没有太大的价值差别，那么就需要在文案创作时更加用心，积极主动体察消费者的生活，帮助其营造一个适合商家产品使用的场景，如图1.2.2所示。

图1.2.1　文案描述产品在不同场景下的展现

图1.2.2　文案描述产品在不同场景下的展现

（2）痛点找得对　用户准消费

一般而言，当消费者认识到实际状态与某种期望或理想状态之间存在差距时，问题识别就发生了。动机型文案往往能够帮助消费者认识到问题所在，即消费者的痛点所在，激发他们潜在的欲望，促使进一步了解产品。

以"怕上火，喝王老吉"这句文案为例。这句文案提醒消费者上火这件事，强化动机，如果不采取措施，即将可能遭遇上火之痛。这是让消费者认识到问题的一种方式，阐述不改变现状，实际状态（需求的识别）的品质下降了。

2. 动机小不同　文案大不同

消费者的购买动机会随着场景的不同而改变，这些动机包括追求使用价值的求实型动机、追求新颖奇特的求新型动机、追求价格低廉的求廉型动机、追求欣赏价值的求美型动机等。

（1）求实型动机

求实型动机中消费者最为看重的是产品或服务的价值，为了迎合求实型的购买动机，文案应以产品自身的功能、特性、性能、质量、技术等为诉求点进行创作，直接展示产品过硬品质、独特功能、技术亮点，突出产品耐用性、安全性等特点，而对于外观、包装，或是产品的象征意义、流行度这些不影响产品使用的东西,不会特别在意。

例如,消费者购买电风扇,最关心的就是它的功率、挡位、静音等效果,而非包装好坏,如图1.2.3所示。

求实型动机的文案倾向于理性说服,产品的实用价值主导着消费者最终的选择,但如果只会写出"我们产品有×××功能"等这样的文案,是无法吸引并说服消费者的。下面介绍几种常用的方法如借用场景、提供数据等客观的信息来突出产品的实用价值,以便更轻松地博得消费者的好感与信任。

①借场景展示优越性能即把产品置身于常见的场景中,这一点在前面的知识点中已经讲到,这种代入感极强的文案创作方式是很容易促使消费者产生共鸣并促成交易的。例如:喝杯水都可感知的精准,如图1.2.4所示。

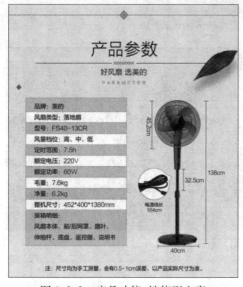

图1.2.3　产品功能、性能型文案

图1.2.4　小米智能体重秤广告

这是小米智能体重秤的产品文案。商家了解到消费者购买智能体重秤,必然是想获得最精确的数据,这关系到产品的精准度和敏感度。如果连喝一杯水增加的些许重量,都能够清晰地体现在体重秤上,那么足以体现产品的性能,这是消费者通过文案就能感受到的。不仅如此,文案甚至传递出通过"喝水称重"的实验证明真实性,进一步得到消费者的信任。

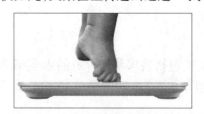

图1.2.5　某智能体重秤的
家庭成员识别功能

另外,该智能体重秤不只是称重那么简单,此产品还支持对多名家庭成员进行管理,根据家庭成员的体重差自动识别家庭成员,如图1.2.5所示。通过具体的数据及具有冲击力的图像、文案,将家庭成员的细微需求在此场景中充分体现。

总之,我们都有过这样的感受,在看到一些语句时,会忍不住脑补画面,而这些具体形象的、视觉化的表达,让人看起来基本不需要逻辑推理、深度思考。与那种语言华丽,但生涩难懂的文案相比,具有鲜活画面感和场景氛围的文案当然更讨喜。

所以,若想做一名称职的文案人,就应潜心进行场景画面感修炼,即把所有的东西具象化。

②加入数据让功能优势更真实。说服消费者最佳的方法,无非是让数据帮忙,因为数据是客观的事实。文案说得再多,如果缺少一些事实根据,消费者是不会轻易买账的,说得再天花乱坠都不如直接用数据、实例来得有效。

例如:4 800 万广角夜景三摄,发现更多美。

vivo 手机的广告文案,加入了"4 800 万"像素这样的具体参数,同时强调"广角夜景三摄"的技术亮点,无疑直观地向消费者传递并解释了手机强大的拍照功能,如图 1.2.6 所示。

图 1.2.6 vivo 手机的宣传文案

(2)求新型动机

所谓求新型动机,就是以产品/服务的新颖、奇特、时尚为主导倾向。

与求实型动机不同,消费者在选择与购买的过程中,会特别注重商品的款式、花色、流行性、独特性与新颖性等,如图 1.2.7 所示。可爱的加湿器和心形的水壶,会让"外貌协会"的消费者们购买欲大增,而产品的耐用性、价格等就成为次要的考虑因素。

图 1.2.7 创新性商品文案

为了刺激并满足消费者的这种动机,商家除了提供款式新颖、造型别致,或创新用途、流行颜色的产品外,在文案的创作中,还要善于洞察和利用该动机之下隐藏的消费者心理。

拥有求新动机的消费者,他们大部分都具有强烈的好奇心,喜欢新鲜猎奇的东西;同时为了彰显个性,他们追求与众不同,乐于接受新、奇、异的事物;当然,具备这种动机的消费者多以青年为主,他们的这种求新心理同时也具备从众性。所以这方面文案应重点传递出流行、个性、独特、新颖甚至另类的特点,以激发和满足消费者的需求。

那么电商文案从业者如何利用消费者的求新动机,创作与商家品牌文化相协调的文案呢? 不妨尝试利用下面的方法。

①制造流行。追求新奇的消费者无非对流行信息特别敏感,因为潮流总与时尚、新颖挂钩。当文案借用流行元素将产品进行包装整合后,最终会以全新的理念、形象呈现出来,使相应的消费者向往,并追随着这样的产品或理念,最终形成一股风尚。

例如:李宁的广告文案"让改变发生,90后李宁",如图1.2.8所示。

图1.2.8　李宁品牌文案传递给年轻人的理念

"我不是喜欢标新立异,我只是对一成不变不敢苟同,别老拿我跟别人比较,我只在意和自己一寸一寸地较量! 你们为我安排的路,总是让我迷路! 沿着旧地图,找不到新大陆! 我更相信:改变就是力量! 90后李宁,Make the change."。

简单的几句话便明确地传达了品牌的定位——"让改变发生,90后李宁!"以年轻人为目标市场。文案既传递出全新的品牌定位,同时也在暗示消费者"如果你是年轻人,就应该选择李宁",换言之,这就是当前流行的,你不穿,就跟不上潮流了。而这样的刺激,对于不甘落后的年轻人来说,能不戳心?

②彰显个性。求新动机强烈的消费者,他们追赶着潮流,对新、奇、异的产品有着浓厚的兴趣,同时有着自己独到的欣赏眼光。这类消费者本身就是个性化十足的人,喜欢彰显自己的个性。这时,文案要做的,就是迎合消费者追求的那份独特感。

例如:时尚饮品丧茶的文案,通过赋予商品的个性化,迎合消费者的负面情绪,把生活中那些不如意的事写成文案,以此引起消费者的共鸣,如图1.2.9所示。

图1.2.9　彰显个性的文案

当此类产品主张与消费者自我概念发生共鸣时,消费动机极易被唤醒,进而促进消费。

③逆向思维。无论生活、学习还是工作中,擅长逆向思维的人大多会创造更多的机会,或取得更大的成就,这种思维是一种反其道而行之的创意方法,即把事情颠倒过来,朝相反的方向和角度去思考或实践,通俗地说,就是不走寻常路。对于追求新鲜感、喜欢猎奇的消费者来说,普通的广告文案已不能满足他们的需求,逆向思维式的文案则能够很好地激发出消费者的好奇心和求知欲。

例如:分手花店的文案。情人节期间,一批年轻人策划开了一家"分手花店",并且只开一天,这么出其不意的策划,立马燃爆了。

"分手"虽然看起来很失意,实则准确抓住了一些消费者的痛点,以逆向思维给失恋的人提供了一个情感宣泄的出口,想消费者所想,急消费者所急。完美的策划得到了消费者的一致好评。一年几度情人节,消费者对商家的"恩爱营销"早已审美疲劳,分手花店的出现自然让消费者眼前一亮,吸睛无数,如图1.2.10所示。

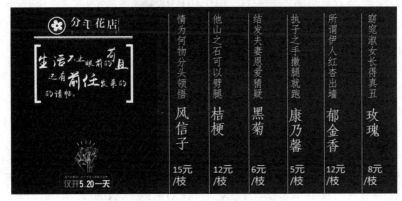

图1.2.10 脑洞大开的个性化营销

(3)求廉型动机

对于求廉型消费者而言,价格是影响其购买的第一要素。当一个消费者在网上购物,习惯以价格作为商品筛选展示的条件时,他们可能把商品的质量、款式、包装、流行度等作为次要考虑的因素,没有过多的要求。而此时,文案人便可以通过包括降价、打折、满减、包邮、秒杀、买×送×等在内的一系列与价格紧密相关的促销字样吸引求廉型消费者。

其实,具有求廉型动机的消费者并不占少数,这也就是为什么以"降价促销"为噱头的"双十一""双十二"等活动,如图1.2.11所示,能够创造出千亿级的销售额,让一批又一批剁手族无法自拔。

图1.2.11 淘宝促销海报文案

要唤醒消费者的求廉动机,文案的作用相当明确,就是以各种表达方式传递产品的优惠信息,告诉消费者:如果你现在行动,将会获得比平常更便宜、更实惠的购物体验。当然这种文案同时还具有饥饿式营销的特点。

在实际创作中,相对于"新品上市,特惠大酬宾"或者"跳楼价清仓大甩卖"这样虚无的大字报式文案,直接表明折扣、降价幅度等重要信息,显得更加有诚意,也更为真实。文案从业者可参考下面几种价格促销式文案。

①直接式优惠文案。文字极其简洁,以一种开门见山的方式,让消费者可以较直观、快速地获取商品最重要的价格、优惠等信息,触动其敏感的价格痛点。

例如:Up to 50% off,如图 1.2.12 所示。

图 1.2.12   宜家家居(IKEA)的超简洁文案

这是宜家家居的促销文案,它出彩的地方不仅在于海报中用正常大小的床与价格标签半张床的缩小版对比,形象地表达"直降50%""半价"这样的信息点;更是采用了极其简明的文案"Up to 50% off",既直接又不失创意,消费者自然喜闻乐见。

图 1.2.13   对比优惠文案

②对比式优惠文案。这是一种相对间接的创作方式,可以通过与竞争对手价格的对比,突出自身优惠幅度之大;也可以与竞争对手就产品的其他元素进行比较,突出自身产品的优势,让消费者产生物超所值的感觉。对比式文案提供了参照物,使消费者有更加直观的感知。

例如:购买一辆儿童安全座椅需要 217 美元,而一个杜蕾斯安全套仅仅需要 2.5 美元,如图 1.2.13 所示。

这个促销文案很特别,用一个大的数字 217 对比小的数字 2.5,突出其产品价格实惠、划算。而更深层的内涵则在暗示:如果你现在因为节省买杜蕾斯安全套的这点钱,不久的将来你要付出更大的一笔钱去养因为你的疏忽而意外来到的孩子。在这里,该品牌并没有和竞争对手的产品价格进行对比,而是转移消费者的心理账户,用儿童产品价格和该产品价格进行比较,小数字和大数字的对比,差距之大,显而易见,让消费者一目了然。这样的对比与同类产品比价格高低,更能刺激消费者。

当然,消费者的购买动机是复杂多样的,除了以上详细提到的求实、求廉、求新动机之外,还有求名动机——追求名牌、高档商品以突显身份地位,求便动机——追求购买和使用便利、省时、省力的商品,求美动机——追求产品的欣赏价值和艺术价值,从众动机——与大多数人的购买行为相一致,等等。

这些动机都直接影响了消费者的购买行为,如果想让文案更具销售力,就必须想办法用文字去唤醒隐藏在消费者背后的动机,准确把握动机后,再结合产品所能提供的价值去满足他们。

想一想 你能找出体现消费者不同动机的电商文案吗?

活动小结

小涛和小雅理解了电商文案中,动机型文案的含义及使用方法,这激起了他们的学习兴趣,接下来,他们想继续了解电商文案的其他类型,以便今后在文案策划岗位上可以应对自如。张主管看到他们对文案如此热衷,就趁热打铁,继续为他们介绍暗示型文案。

做一做 对电商文案进行分类有何作用呢?

活动2 撰写暗示型文案

活动背景

在创作文案之初确定文案的类别是很重要的,不同类型的文案在营销中所起到的作用大有不同,而作为文案从业者,对不同类型文案要做到熟烂于心,并且能根据营销目标、受众理解接受能力等因素快速地选择适合的文案类型,这样才能准确地将企业产品的价值传递给受众,达到促成交易的目的。

活动实施

1. 暗示营销

(1)暗示营销定义

心理学中,在无对抗条件下,用含蓄、抽象诱导的方法对人们的心理和行为产生影响,从而使人们按照一定的方式去行动或接受一定的意见,使其思想、行为与暗示者的期望相符合,这种现象称为"暗示效应",而使用这种方式进行的营销,则称为"暗示营销"。暗示对人的影响巨大,我们先通过一个典型的暗示效应案例了解一下。

这是在美国洛杉矶举行的一场足球赛。在比赛期间,赛场服务人员被报告有6人反映胃部不适,表现为肚子痛和呕吐。通过了解情况,工作人员猜想是因饮用台下出售的某种软包装饮料所致,于是立即通过广播通知大家不要再饮用该软包装饮料。

未料到的是,广播播出以后,相继有 200 多名场内观众出现食物中毒症状。有关人员对软包装饮料认真化验并未发现异常,且完全合乎卫生及安全标准,该饮料又被广播宣布"无罪"。消息一经传开,先前的"食物中毒患者"全部不治而愈,继续观看比赛。由于普发性的暗示效应,该软包装饮料企业险些被陷于不义。

(2)暗示营销攻略

①明确暗示内容。举个例子,策划目的是吸粉,那就暗示买家关注或收藏我们的店铺;若策划目的是提高转化率,那就暗示用户购买我们的产品带来的利益,如能享受高大上服务、产品性价比高等。目的不一样,暗示的内容自然不同。

暗示内容的确定要考虑产品所处的周期——投入期、成长期、成熟期、衰退期。确定周期后再选择具体暗示的内容是品牌影响力、产品性能卖点或是暗藏福利等。关于产品卖点的提炼,是对文案人员基本功的考查,这里暂为大家介绍三种较为实用的卖点提炼法。

第一种,九宫格法。

正如方法的名称,拿一张白纸,用笔画出九宫格,在九宫格的中心写上产品名,剩下的八个空格用和产品相关的优点填满,这些都是产品独到的优势。写好后,具体的运用就需要我们仔细推敲了。以儿童羽绒服为例,我们的目标受众是小朋友,他们对图案、颜色的要求就偏高,如果这款羽绒服的竞争对手也是从"颜值"方面入手,那我们就可以尝试主推"优质布料,保暖舒适"等差异化的特点。本着具体问题具体分析的原则,可以从九宫格中选取所需卖点,如图 1.2.14 所示。

熊耳朵	熊拉链	熊熊刺绣	记忆面料		抗污	防绒布料	压线工艺	不掉色
帽子图案	卡通	可爱	手感舒适	防水	荷叶效应	多层里布	防钻绒	有内衬
口袋图案	袖口图案	天真	防水面料	顺滑	耐脏	3线12针	针线精准	无针孔
透气好	易压缩	含绒量高	卡通	防水	防钻绒	配毛衣	春天穿	夏天穿
手工填充	轻柔	告别臃肿	轻柔	熊熊儿童保暖羽绒服	时尚潮搭	牛仔裤	时尚潮搭	秋天穿
走线防绒	易携带	修身剪裁	保暖	易穿戴	易清洗	羽绒裤	颜色多样	冬天穿
鸭腹绒毛	大朵绒毛	蓬松度800+	可拆卸	防夹拉链	下摆收暖	可机洗	帽子可拆卸	防油污
随气温收缩膨胀	保暖	90%含绒量	隐形松紧袖口	易穿戴	弹力衣角		易清洗	可使用毛刷
可调温	隔绝冷空气	挡风暗扣			有内衬		不变形	好晾晒

图 1.2.14　一款儿童羽绒服的九宫格法

第二种,要点延伸法。

要点延伸法是将产品特点以单点排列开来,如果无法准确找到产品特点,可参照产品说明书,把上面的特点全部抄下来,再针对单点加以延伸,丰富文案的素材、观点,为文案提供资料来源。比如一个鼠标的文案,它的外观非常好看,从这个单点我们可以延伸出文案"你和网红照片的距离,就差一个鼠标",这样是否更具有吸引力呢?

如果说九宫格思考法引发的是产品卖点的思考,要点延伸法更像是产品卖点的展开和内容扩充,将卖点详细地讲述出来。

第三种,三段式写作法。

三段式写作法是模仿新闻学中"倒三角写作法",如图 1.2.15 所示。三段式写作法产出的文案比较适合简短的文案,那么,首先要精练、浓缩产品的要点、优点,因为大多数人是没有时间和耐心看完烦冗的文案的;接下来,对已提炼的核心卖点给予详细说明;最后点明产品前面阐述的卖点能给消费者带来什么直观效果及哪些价格优势;等等,总之,想办法让消费者下单购买。最后一段最为重要,要把消费者使用产品之后的场景、效果直接表达出来,让消费者产生购买欲望。

图 1.2.15　三段式写作法

更加直观地总结三段式写作法便是:看我,为啥买我,必须买我!

②拆解自己产品。这是一个手表广告的案例,如图 1.2.16 所示。

图 1.2.16　某手表广告的销售创意

公交车和地铁上的把手是投放户外广告的好地方,一家做手表的企业将把手的手环设计成了手表的形状和颜色,当乘客抓住把手的时候,就像将手表戴在了手上,从而吸引乘客多看两眼。

这种创意广告方式将产品的外观与乘客手臂的组合,借助产品的使用属性进行暗示,激发乘客观看和购买的欲望。

除了物理结构的碎片化,还有产品功能、产品参数、产品口号等诸多碎片化拆解方式,这要求产品文案工作人员要对自己宣传的产品非常了解,找到与热点相契合的点,进行相应的暗示。

如图1.2.17所示,是某代驾软件与某外卖品牌在"5.20"期间组成"CP",发起的一场"城市"表白。文案充分结合了两家公司的产品和服务特点:某代驾带您领略各地风景名胜及地标建筑;某外卖让您的胃如图中的"胖版"名胜般得到满足。这类文案图文搭配合理且不乏萌趣,既体现了活动意图、服务理念,又让消费者过目不忘。

图1.2.17 产品碎片化拆解方式的文案

③营造销售情境。情境的描述对暗示营销来说是相当重要的,因为情境是会重复的。每当看到文案中所描述的类似场景,都会让消费者想起对应的产品。电商场景化营销,是将场景化的营销思维置于电商促销活动的组织中,以此来促进活动效果。比如下面的例子。

唠嗑,嗑瓜子!简直是标配。如图1.2.18所示,真的好想和妈妈一起吃瓜子唠嗑!该文案出现在母亲节期间,脑海中不由浮现出与妈妈促膝而坐边嗑瓜子边聊天的温馨画面,不知这样的文案会赚取多少人的眼泪,戳中多少人的内心。

图1.2.18 母亲节情境营销文案

产品、顾客和营销者作为营销要素,在情境营销中有了新角色,顾客是"演员",产品是"道具",而营销者成了"导演"。三方密切配合,共同出演一场"营销剧"。其中导演最为关键,要主导剧情,并且围绕主题,设计情境、匹配产品、分析受众心理等,总之,尽可能地让利益最大化。

2.暗示型文案的特点

不直接说明真实意图,而是旁敲侧击、"犹抱琵琶半遮面"式地让用户体察产品的价值。你是否无意间总会想起某些品牌的产品,这个品牌的产品在你的大脑中不断地出现,如果你有这种情形出现,说明你被暗示了,即指在某种环境下,某品牌的产品被悄悄植入你的意识。

俄国著名心理学家巴甫洛夫认为,暗示是人类最简化、最典型的条件反射。人们在生活中受到周围环境的暗示,随后产生与之相应的心情和情绪。与热情开朗的人相处,对方的微笑和幽默会令人心情愉悦。如果某天我们被人称赞"你今天的气色真好""你今天好漂亮啊",那么在那一天,被赞赏的人会发现做任何决策都反应迅速、思路清晰。

企业营销战略正是结合了心理学的这种暗示,它的核心思想侧重研究,引导消费者正确认知企业的产品与服务,研究如何影响和改造消费者的思想与行为,而这些问题的根本就是研究消费者的暗示心理。

(1)重复性

暗示是一种社会心理现象。生活中的每一个人,经常使用着暗示,或接受别人暗示,或暗示别人,或自我暗示,如图 1.2.19 所示。

图 1.2.19　重复性文案经典案例

某项调查报告言之凿凿地称,消费者普遍反感"脑白金"的毫无美感、雷轰炮炸式的广告袭击。而另一项业绩报告显示它的销量却占该领域的前列。消费者对于随时随处可见的产品宣传厌恶至极,然而无意之中却已经受到了企业给予的暗示,反复重播的信息在消费者的潜意识中积累下来。当人们产生消费需求时,行为与判断多半会受到这些累积信息的影响。这是很多企业宣传新上市产品的惯用手法。

(2)跨域性

跨域性暗示效应普遍存在于各种领域。医学中的安慰剂效应,教学中的罗森塔尔效应,或者商业中的广告效应、名牌效应,都在利用心理暗示体现其作用,如图 1.2.20 所示。

图 1.2.20　美宝莲化妆品文案

化妆品行业的某公司告诉消费者"美来自美宝莲";某家生产祛斑产品的公司宣扬"让你提前下班(斑)"。以女性消费者为目标客户的企业,会发现暗示效应一旦运用起来,似乎颇见成效。如果暗示具有广适性,那么对于女性消费者而言尤为正确。

此外,暗示以年龄区分,年轻的消费群比年长的消费群更易受到暗示而采取相应的行动,尤其是儿童消费者效果特别明显。这里有一组数字超乎想象:18 个月的婴儿连话都不会说,却早就知道红黄配色"M"字招牌意味着有好吃的,我朋友有个 5 岁小男孩不仅在看到迪士尼 Logo 时脱口而出,也认

图 1.2.21　华为暗示型文案

识华为(见图 1.2.21)、联想、必胜客、宝马等这些属于成人世界的品牌。看到绿色美人鱼,尽管

她并不知道是星巴克,却能立刻反应过来"那是咖啡店"。

（3）影射性

如图 1.2.22 所示,这种影射式暗示文案,由于它含有深层修辞意义,所谓言外有意,弦外有音,有时不能让人马上明白,而这却是具有高层次文化水平的消费者所乐于追求的。

品牌	品牌原始文案	影射含义
某品牌取暖器	躲在屋子里直打哆嗦才是最愚蠢的。	只有买多福牌取暖器才是最聪明的举措。
皇帝威士忌	只有内行的人才去找"皇帝"。	你若买我的酒,便是内行,否则,便是外行。
某金融信托	和领袖在一起无后顾之忧。	我公司处于"领袖"地位。
某刹车制造商	没有好的刹车,你还是不要发动。	我的刹车是最好的刹车。

图 1.2.22　影射性文案案例

想一想　你能举例生活中给你留下深刻印象的暗示型电商文案吗?

活动小结

小涛和小雅都认为暗示型文案很有趣,不过创作却并不容易,不但要准确找到消费者感兴趣的点,更要通过文案人必须具备的知识量和逻辑思维能力支撑来完成创作。否则,写出的文案不但不能达到效果,可能还会适得其反。

做一做　创作一份暗示型电商文案,要做哪些准备呢?

活动 3　撰写实力型文案

活动背景

在当今这个竞争如此激烈的社会,无论是个人还是企业都需要有实力。电商文案策划是非常重要的岗位。若想创作一篇优秀的文案,那么文案从业者首先要了解企业的内心,其次要明确受众的内心,最后要结合自己的内心,写出有温度、有感触的文案,这样才能成就有温度、有情感的品牌。

活动实施

（1）实力型文案的特点

实力型文案通常开门见山地直入产品本身,用过硬的产品功能、性能、质量等,通过摆事实、大数据等,将信息传递给受众,给受众营造一个感觉:选我不后悔、选我准没错!

所谓"财大气粗",有了内容殷实的文案支撑,品牌的感召力、影响力已是呼之欲出,与竞争对手相比,若你的产品的确有过人之处,就有一种"人无我有,人有我精"的状态,然后将重点放在产品核心价值的展现上。

（2）挖掘产品亮点,展示品牌实力

案例一:数据展现实力

如图 1.2.23 所示,"格力,掌握核心科技"。

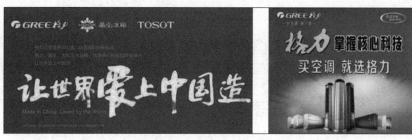

图 1.2.23 实力派品牌文案"格力掌握核心科技"

这则空调广告文案霸气十足,但霸气的背后是格力的科研人员无数个日日夜夜的坚守、奋战,研制出来的实实在在的核心技术,细心的人可以到该公司的官网查看,不难发现这样一段文字:"共 13 项'国际领先'级技术,累计申请专利 22 597 项,其中申请发明专利 8 310 项。"这段文字的分量足以撑起格力的广告文案,并非虚言。"核心技术"这 4 个字背后的分量几乎所有人都能明白。一个拥有核心技术的空调,受众的使用体验会是怎样的呢? 这是不言而喻的。这样实力不凡的文案并不是任何一家企业都敢尝试的,必定是有底气的。

案例二:成为艺术家的捷径

"HUAWEI P30 Pro 操作简单,玩法很多,且比专业摄影机更加轻便。"企业想通过简单的文案告诉用户:艺术不只是艺术家们的专利,艺术也不仅仅通过专业设备与专业技能产出。"为自己熬的夜,不需要给别人看。""谁治好了我的公主病? 我的小公主。""最好看的腮红,是跑出来的那种。",如图 1.2.24 所示。这组文案是华为"未来影像艺术共创"系列渴望让人人都能创作出独特的影像艺术,拿起华为手机,去记录青春与梦想,去记录生活精彩的点滴,为今后制造回忆,拥有专属于你的独特艺术。

图 1.2.24 华为"未来影像艺术共创"系列鼓励用其手机记录未来的更多瞬间

华为公司的这组文案可谓是找准消费者痛点、直击消费者内心,鼓励引导消费者追求内心的憧憬,勇敢地做自己的艺术家。那么在写作过程中,善于提炼产品亮点,加上具体的数据或者真实场景,是可以增强其说服力的。

想一想 你能举例生活中给你留下深刻印象的实力型电商文案吗?

活动小结

小涛和小雅了解到实力型电商文案的写作特点及使用方法,他们敬佩有实力的企业,想着自身在文案岗位上还要不断充实与完善自我,谦逊努力,争取做一名真正的实力派文案人。

做一做　电商文案人员要成为一名有实力的文案人,要在哪些方面充实自身呢?

活动4　撰写梦想型文案

活动背景

电商文案的分类并不局限,而最为常见的几种类型是电商文案初学者所必须掌握的。小涛和小雅需要对梦想型文案做进一步的了解,并结合之前整理的另外三种文案类型进行分析、对比,从而为今后撰写电商文案打下坚实的基础。

活动实施

尤金·舒瓦兹曾说过,文案无法创造购买商品的欲望,只能唤起原本就存在于百万人心中的希望、梦想、恐惧或者渴望,然后将这些原本就存在的渴望导向特定商品。没错,无论是电商文案还是当下热门的朋友圈文案,激发人们的内心梦想都无比重要,如同尤金·舒瓦兹所说,只有激发了梦想,才有进一步深入的可能,才有信任的阶梯。

1. 梦想型文案特点

每个人都有梦想,对梦想的描绘都是美好的,而畅想未来、描绘梦想时的心情都是愉悦的、幸福的。梦想型文案就是利用消费者对梦想的憧憬,通过高大上,甚至有些夸张的文字,激发消费者的梦想,从而引起他们在价值观层面的共鸣。

梦想型文案比较适合品牌知名度较高的产品。因为处于这个阶段的产品,消费者已不再关注其质量,与同行的竞争也已经超越了产品层面,而进入了品牌的差异性定位的展现阶段。

下面是一个国外某威士忌品牌的文案,该品牌钟爱中国汉字,但也不盲目跟风,他们一直坚持"让坚毅的文字伴你前行"。正如其品牌理念所传达的,"keep walking",如图1.2.25所示。文案并不猛烈、不张扬,却格外具备力量,消费者朝着梦想前进,成就梦想——"看到整个世界"!

图1.2.25　某威士忌品牌文案

2.为产品插上梦想的翅膀

文案本身是无法创造梦想的,文案从业者最重要的工作是将原本就存在的梦想指向特定的产品。好文案,都是引导人性的高手。下面介绍几种引导方法。

(1)人无我有

物以稀为贵,对文案人来说这个信号就意味着你的产品能帮消费者实现什么目标,满足什么愿望,可以带来怎样的优势,从而让消费者感知使用此产品的"优越感"。如图 1.2.26 所示,某汽车文案"等级划分一切,你划分等级"宣传语充分展示了这种感知,是否有种私有的独享呢!

图 1.2.26 某汽车的文案"等级划分一切,你划分等级"

(2)感知落后

"不要输在起跑线上",从这句话不难看出,从出生那一刻起我们便开始了竞争,而能够感受到落后是促使我们不断努力、不断前进的动力。当人们发现在心理意识里感觉本应该落后于自己的人,有一天突然超过了自己,那种落后心理会变得更加强烈,这种心理一旦产生,那么就很容易产生马上得到、寻求改变途径的愿望。事实上,从心理学角度来看,本质上是基于"人有我无"的心理。如果刚好在此时,消费者看到一个文案,这个文案可以激发消费者内心的落差,帮助其实现"马上得到",那么不得不说这个文案是成功的。要想达到这样的效果,在写文案时就要重点营造这种用户差别,形成鲜明的落差感。

(3)补偿内心

①补偿自己。如果一个人觉得自己已经为某人或为某个目标付出、奋斗了太久,他就会想要一些"补偿",想要"犒劳"自己。根据这样的受众痛点,可以分析一下受众当下面临的任务,并为完成这个任务花了多少心血,越具体越能打动人心,就越能成为"犒劳"自己的理由。最后告诉受众是时候补偿自己了,此时再进一步描述你的产品是如何让受众"犒劳"自己的。

如图 1.2.27 所示:"她教会姐妹们跳舞又教她们理财,很高兴,55 岁又做回自己"此文案很深入人心。

②补偿他人。如果一个人觉得别人为了他付出很多,甚至做出了牺牲,而自己却没有给予任何的回报,或对应付出的很少,那么此时他就会产生对别人的愧疚感,想要找机会补偿

给别人,以求心安。

图1.2.27　用某金服软件进行理财,让她和跳舞的姐妹们后顾无忧

根据用户的这一痛点,我们可以通过自身的产品优势创作文案。描绘一幅"只要购买我们的产品,便可以帮你弥补对他人的亏欠感"的画面,并告诉用户,为什么我们的产品可以满足他内心的需求。通过情感的连接,用户体验到的满足感远远优于从竞争对手处所获得的满足感。

如图1.2.28所示是农村淘宝在春节期间推出的文案,读起来不免让人心头一酸,满满的愧疚感油然而生。

图1.2.28　补偿他人型文案

(4)经验所得

人最为宝贵的财富便是经历,正因为这些经历才使我们得以成长,我们学会了总结、我们懂得如何根据经验判断。

根据这样的受众特点,文案要激发出受众之前生活中所遇到的困惑或不好的感受,如"家长辅导作业时抓狂的感受",分析受众产生此感受时的原因及过程,然后通过文案传递给受众,有了这款产品,受众便不用再有之前的烦恼。如图1.2.29所示,"智能语音听写,听写作业不再依赖家长",这样的文案,清晰传达可以帮助受众解决之前的烦恼,达到推广宣传的目的。

每一个简单的句子背后,都有着不简单的思考。产品文案体现着商品的价值,犹如足球场上的临门一脚,好的文案可以四两拨千斤,而选择一个合适的文案类型对文案的写作、传播以及最终的效果都会产生一定程度的影响。当然一个企业从弱到强的不同发展阶段应该选择不同的文案类型。

图 1.2.29　经验所得型文案

想一想　你能举例生活中给你留下深刻印象的梦想型电商文案吗?

活动小结

不得不说,如果我们的年轻人可以像小涛和小雅这样勤奋好学、不耻下问、会举一反三,那么电商文案从业者的整体水平定会不断地提升。

做一做　电商文案人员是否只擅长一种类型的文案就足够了,无须了解更多的文案类型?

任务 3　何为金牌文案

情境设计

经过初步的了解和学习,小涛和小雅感觉揭开了电商文案神秘的面纱,他们俩开始着手编写第一个文案。当小雅提出要跟小涛互相评价对方的文案时,小涛忽然感到茫然,不知该如何评价。他们俩都不知道怎样的电商文案才算是金牌文案。他们带着文案和问题,又一次来到了公司。张主管看到眼前积极学习的小涛、小雅,详细给他们讲解了判断电商文案优劣的标准,并对小涛、小雅提出了文案策划的要求。

知己知彼,百战不殆。一名优秀的电商文案策划从业者,不仅要知道如何去策划一份好的文案,还要具备对其他行业文案的分析能力,从而取长补短,才能站得更高,看得更远。张主管要求小涛、小雅大量收集目前市场上流传的文案,并对这些文案进行详细的分析,评价文案的优劣,提出自己的修改意见。

任务分解

金牌文案必有其优秀之处。从投放途径、投放目的或文案本身几个角度来看，其优秀的标准虽不尽相同，但可从其实用价值和情感价值中找到共同点。

从实用价值出发，只要文案能够将目标受众转换成产品的客户，促成交易成交，就能谓之金牌；从情感价值出发，只要文案引起消费者的情感投入，引发讨论和转载，从而影响读者的行动，就能谓之金牌。一篇优秀的电商文案，不需要面面俱到，只要具备其一的价值，就可称为金牌。

本任务可以分解为两个活动：打造有实用价值的金牌文案；打造有情感价值的金牌文案。

活动1　打造有实用价值的金牌文案

活动背景

电商文案为何会存在？那是因为，人们总不能仅通过一堆无文字的图片，就放心地点开支付页面，将电商平台上展示的产品变成自己的囊中之物。这就犹如看一出无声电影，对电影的理解会出现百花齐放的情况。而电商平台上的产品并不希望大家对其有百花齐放的理解，只希望大家对其有"买买买"的想法。那么，作为一篇金牌文案，拥有实用价值也是无可厚非的。

活动实施

1. 金牌文案的实用价值之一，体现在其高点击率的标题上

正所谓，电商文案需要"流芳百世"，不能"孤芳自赏"。一篇优秀的电商文案，需要被点击，被阅读，才能发挥它最基本的价值。而引导受众去点击的那扇门，就是集精华于一身的标题。

那么，怎样的标题才会拥有高点击率？

（1）商品标题

作为一个商品标题，它应当是简单有力、提纲挈领，并将关键词融合其中的。

首先，商品的标题应当尽可能地详尽，将商品所有的基本属性尽可能体现在一句话中，让用户一目了然，知道你卖的是什么东西。再者，商品的标题还应当考虑要通过关键词的积累来与买家搜索的关键词进行匹配，以提高店铺的流量。同时应当注意，商品属性虽详尽但不烦冗，关键词虽叠加但有效，要简单有力，提纲挈领。如图1.3.1所示，把消费者对保温壶最关注的关键词进行有序的堆积，形成一目了然的标题，提高了商品的点击率。

（2）广告文案标题

作为一个广告文案的标题，它应当是有吸引力的。那怎样的标题才会有吸引力呢？它或许很有趣，或许很有冲击力，或许很悬疑，或许很通俗，总有一点击中了读者的心，才能抓住读者的眼球。

> **乐扣乐扣不锈钢超长保冷保热壶**
> **1 200 mL 大容量户外家庭旅游必备壶**
> **评价分析：**
> 该产品的基本属性有品牌、不锈钢、1 200 mL、保冷保热、超长保温。
> 该标题的关键词叠加有大容量、户外、家庭旅游、必备壶。

图 1.3.1 乐扣乐扣保温壶的商品标题

如图 1.3.2 所示,广告大师乔治·葛里宾为箭牌衬衫所做的广告文案的标题是"我的朋友乔·霍姆斯,他现在是一匹马了"。这么一个充满悬疑色彩的标题,令人不由自主地想进一步了解,这位人类朋友,为什么会变成一匹马。

> **我的朋友乔·霍姆斯,他现在是一匹马了**
>
> 乔常常说,他死后愿意变成一匹马。有一天,乔果然死了。5 月初我看到一匹拉牛奶的马,看起来很像乔。我悄悄地凑上去对他耳语:"你是乔吗?"
>
> 他说:"是的,但现在我很快乐!"
>
> 我问:"为什么呢?"
>
> 他说:"我现在穿着一件衣领舒服的衬衫,这是我有生以来的第一次,原来我还是人的时候,我衬衫的领子经常收缩,简直是在谋杀我。事实上有一件衬衫衣领终于让我窒息了,这就是我死亡的原因!"
>
> "天哪,乔",我惊讶失声,"你为什么不早点把衬衫的事告诉我?那我就会告诉你关于箭牌衬衫（Arrow Shirt）的事。它们永远合身而不收缩,甚至织得最紧的深灰色棉布做的也不收缩。"
>
> 乔无力地说:"可能是,但我知道'戈登标'的箭牌衬衫是不收缩的,我正穿着一件,它经过机械防缩处理,收缩率连 1%都不到!"
>
> "'戈登标'每件只卖 2 美元!"我说。乔说:"真棒,我的老板正需要一件这种衬衫,让我来告诉他'戈登标'的事,也许他会多给我一袋燕麦,天哪,我真爱吃燕麦!"

图 1.3.2 "我的朋友乔·霍姆斯,他现在是一匹马了"文案原文

又如,某品牌的痔疮药标题——留下你的 10 元钱,也留下你的痔疮。

痔疮患者,因痔疮反复发作及患病部位敏感的特点,特别希望在这个世界上能够存在一款便宜有效又方便购买的药物。我们先不管某品牌的文案里面写了什么,但单从标题上来看,它采用了诙谐的表达口吻,既化解产品本身在宣传过程中的尴尬因素,又凸显了便宜有效的好处,使读者一目了然,迫不及待地想要点开文案看个究竟。

再如图 1.3.3 所示,某品牌爽肤水的标题——不要脸的时代已经过去。

> 首页　关于品牌　产品中心　希卡贝尔&李冰冰　官方代理申请　护肤资讯　联系我们　授权查询　防伪查询
> **不要脸的时代已经过去**
> 2019-05-22 14:51
> 在这个看脸的时代,高颜值似乎是最好的通行证,因为很多人都是妥妥的"颜控",看脸肤浅吗?肤浅,但就喜欢;始于颜值,才有机会陷于才华。
> 未来有多美,我不知道;我会更有未来,我确定!

图 1.3.3 某品牌爽肤水的标题——不要脸的时代已经过去

这个标题采用了通俗的口吻,拉近了产品与看广告的受众的距离,加强了与受众之间的沟通。假如,把这个标题换成"不注重外表的时代过去了,要用就用某品牌爽肤水",那效果就大打折扣了。

最后,再举一个例子,如图1.3.4所示。某心血管疾病产品的标题——30岁的人,60岁的心脏/60岁的人,30岁的心脏。

图1.3.4　心血管疾病产品的文案标题

这个标题,一度非常火爆。因为这在现实生活中是不可思议的。为什么有的人才30多岁,血管却已经老化得如此严重?为什么有的人60多岁了,血管却还能保持弹性和活力呢?这种身体年龄和器官年龄的极大冲突,引起了读者的警惕和注意,动了动好奇而又害怕的手指,点开了这篇产品软文。

想一想　你能列举生活中给你留下深刻印象的文案标题吗?并说说它们是哪里吸引了你。

2.金牌文案的实用价值之二,体现在其拥有对受众有益的干货

人们总是喜欢更有实用价值的信息。电商文案的优势,在于它不局限于只是对自身产品的介绍。它可以提供给人们实际需要的信息,为人们的生活和工作带来便利和帮助。这样的电商文案最能吸引受众,那么其中融合进来的产品信息,也就更容易进入受众的眼球。同时要注意,干货类的文案标题,切忌与内容不符,会造成受众产生上当受骗的感觉,对产品形象大打折扣。如图1.3.5所示,通过介绍收纳技巧来营销收纳产品,既达到推送干货知识的效果,又达到产品宣传的效果。

图1.3.5　收纳技巧文案

活动小结

小涛一拍脑袋,对小雅说:"天啊! 一个小小的标题,短短的几个字,竟然还有这么大的作用! 我真是小瞧了标题的魅力和作用了!"

小雅应和着:"对啊。不仅标题如此重要,文案还能写成一篇对人帮助这么大的干货,感觉做一名文案策划都像是在做一名雷锋了!"

张主管听完,笑笑地跟他俩说:"金牌文案的实用价值不仅如此,它还有更令人惊叹的情感价值呢,好好继续学习吧。"

做一做 你能用一个思维导图,将金牌文案的实用价值画出来吗?

活动2 打造有情感价值的金牌文案

活动背景

如今,交易不再只是靠实力,有时候也需要走心。人们为一件物品买单,或许并不是因为需要它,而是因为这个物品或许勾起了人们的回忆,或许引起了人们的共鸣,或许激发了人们的公益心。那么,金牌文案不一定需要有实用价值,只要它够打动人心,也有可能成为一篇"家喻户晓"的文案。那么,金牌文案的情感价值具体又是怎样的呢? 怎样才能引人注目? 怎样才能深入人心呢?

活动实施

1. 金牌文案,拥有说服受众的能力

电商文案最根本的目的就是成交。因此,如何令受众信服,并将其转化为客户是衡量优秀文案的标准之一。不仅要做到令人信服,还要做到原创和真诚。

(1)原创,是金牌文案的硬道理

电商文案的传播载体主要依赖互联网,它既是受众获取信息的便利方式,也为懒于原创的人带来便利的偷取途径。作为一名电商文案策划从业者,不仅要出于职业道德,自觉遵守职业规范,还要坚信"群众的眼睛是雪亮的"的信念。抄袭的文案必将为受众所识别,而其道德败坏的行为,也会反噬其自身产品的形象,令产品处于信任危机之中。

2017 年,某品牌汽车的产品发布会上,宣讲PPT 就出现了"人—车—生活—无缝连接"。其中,"人 车 生活"是另一汽车品牌 2003 年提出的理念,并将该理念作为广告词大力运用到品牌宣传中。这起抄袭事件在一定程度上影响了该品牌汽车的形象,使得它在中国的销量也经受了严峻的挑战。

(2)真诚,是金牌文案的软实力

①用最直观的数据,塑造最直接的效果。

现在这个年代,所有人越来越聪明,信息透明、获取便捷,陌生感强、信任度低。所以取得受众的信任是困难的,也是最核心的。那么,无论形式多么丰富和特别,文章内容必须真实具体,最好是以最直观的数据体现最直接的效果,才能打动受众的心。文案创作在"博眼球"的道路上越走越远,也要坚持"不忘初心",更要坚持维护产品诚信度。如图 1.3.6 所示,两个数据就把产品的特点介绍清楚。

OPPO 手机广告词:充电五分钟,通话两小时

评价分析:

该广告语利用了人总是相信简单的、详细的、可量化的表达,排斥并怀疑复杂的、模糊不清的表达的特点,将手机充电快的特点,用"五分钟"这一具体的数字进行说明,并用"通话时长"取代"续航时长"这一专有名词,使得受众一目了然,快速取得受众的信任。

图 1.3.6   OPPO 手机广告词

②遵从自己的内心,得到读者的共鸣。

对人真诚,首先是要遵从自己的内心。写作者自己都不认可的理念,又如何能胡编乱造出令人动容的文字呢?所以,要用最深刻的体会,描写出最真实的感受,先从打动自己开始,才能打动他人,引起共鸣。只要遵从自己的内心,即使是一句平易近人的话,也可以达到惊天动地的效果。

在遵从内心方面,典晶广告创作总监高扬做得挺好。他强调:"情绪,是我一度追逐的方向。"他在碧水庄园的广告文案上,就以遵从自己的感受为基本宗旨。碧水庄园在宣传的时候,其宣传的主题是"专属"二字,它拥有业主专属的果艺园、国际标准游泳馆、风格温泉馆、球馆。高扬则采用了一张实地景物图以及一句感同身受的话来打动人心。

"幸福的果实,采撷一生都不够"是形容果艺园的。现代城市人,在快速的生活节奏中,幸福感也被日渐消磨。"种瓜得瓜,种豆得豆"这种简单而又有收获的幸福,是现代城市人所向往的。作者将这种感受与果艺园"幸福的果实"相结合,看似在形容果艺园,实则也是在告诉消费者,这个小区可以帮助你实现的生活模式,如图 1.3.7 所示。

图 1.3.7   碧水庄园专属果艺园宣传文案

"想不到,这里也有必游之地"是形容游泳池的。忙碌的工作,应接不暇的往来,琐碎的家务事,取代了现代人的运动时间,造成了现代人的亚健康体质。大家其实都有要锻炼身体的意识,只是由于场地时间的限制、意志力的薄弱等因素使运动的脚步停滞不前。作者也有这样的感受,所以当他要描写游泳池的时候,用"必游之地"来体现出这个游泳池的便利之处和设备优越之处,如图 1.3.8 所示。

图 1.3.8　碧水庄园专属游泳池宣传文案

　　"共同的爱好,让我们一拍即合"是形容球馆的。有一种说法,说人住进现代小区中,就像住进一个个钢筋水泥的盒子中,多了隐私,却少了往来。球馆不仅是一个运动场所,同时也是一个增进情谊的地方。用"一拍即合"来描述这个球馆,不仅仅是在说球馆好,还在表达住在这个小区,不耽误与亲朋好友的情谊往来,如图1.3.9所示。

图 1.3.9　碧水庄园专属球馆宣传文案

　　"周末的好时光,又泡汤了"是形容温泉馆的。周末本应该是美好时光,但总有一些这样那样的事情使休息日变成了工作日。作者巧妙地运用一语双关,体现出住在这个小区,周末就能泡汤,让美好的周末时光不会"泡汤",如图1.3.10所示。

图 1.3.10　碧水庄园温泉馆宣传文案

综上所述,以上4条广告语都并不惊天动地,却能够深入人心。因为作者把他内心的真实感受展现给读者看,就是最真诚的宣传。

> **想一想**　假如把"周末的好时光,又泡汤了"改为"专属的泡汤馆,你值得拥有",你觉得哪个效果表达得更深入人心?

2. 金牌文案,拥有敏捷的热点触觉

由于人们对于新鲜事物的热度总是短暂而又热烈的,如果能够及时抓住热点,并从自身产品的独特角度对其进行分析重构,形成一篇脱俗的热点文案,也是极为优秀的。

蹭热点,可以从3个领域入手。

（1）蹭影视热点,抓住大量影视迷的心

在电影、连续剧、综艺节目拥有大量粉丝的时代,蹭其热点,很容易为自己的文案带来意想不到的流量。

比如,在《长安十二时辰》热播时,一篇名为《这剧的植入也太太太太太多了吧?》的文案就很好地从"吃穿用行"的角度,对西安进行了一番别有风味的介绍,引发了大量的阅读和转载,在一定程度上推动了西安旅游业的发展,也推动了西安的本土特产及周边产品的销售业绩,如图1.3.11所示。

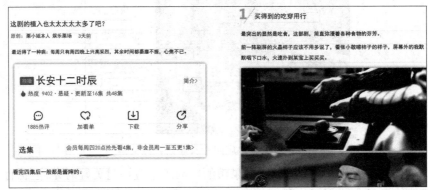

图1.3.11　《这剧的植入也太太太太太多了吧?》部分截图

图1.3.12　神州专车宣传海报

（2）蹭节日热点,借势品牌营销

随着节日仪式感备受关注,节日类借势文案也更多地被运用。因为它符合人们的日常生活需要,大多数时间是一个假期,人们的重心从工作转移到生活中来,对商家所营销的广告也更加关注。

例如,神州专车就在借用"三八"妇女节进行品牌营销上做了一个好示范。"三八"妇女节,全称"联合国妇女权益和国际和平日",在这一天中,妇女的地位和成就得到了更多的关注和肯定,妇女的健康和安全也得到了更多的关爱。但在网约车出现多起女性乘车安全事件之后,妇女乘车的安全性受到很大的质疑。神州专车为了营销其品牌的安全口碑,借用了这个女性的重要节日进行宣传,达到了很好的效果,如图 1.3.12 所示。

(3)蹭热门事件,做市场的"猎豹"

所谓热门事件,关注的人肯定多,所以借助这些热门事件宣传一下自己的公司或产品也是一种非常不错的借势方法。

2018 年世界杯,无疑是全球关注的体育赛事,是当之无愧的热门事件。各大品牌在这波热点营销中各显神通,而华帝在这波营销中可以算是脱颖而出。2018 年 5 月 31 日,在《南方都市报》上,华帝董事长亲手签名的海报上打出:"法国队夺冠,华帝退全款。"短短十个字,有力而又引起了轰动,品牌迅速得到曝光。华帝结合世界杯冠军预测,增加消费者的代入感,消费者自然倾向去关注法国队,这样法国队的赞助商——华帝也会被看到,间接增加品牌曝光。人们喜欢与胜者为伍,如果法国队走得越远,华帝的形象也会越好,如图 1.3.13 所示。

图 1.3.13　华帝 2018 年"世界杯"期间宣传海报

活动小结

小涛和小雅深感写一篇金牌文案的不易,不仅要投入自己的情感,还要时刻关注热点,才能说服他人,真正地发挥文案的价值。小雅认真地说:"从此要做一个真诚的人。"小涛开玩笑地说:"应该是要做一个八卦的人。"张主管听了,笑着说:"没错,从此要做一个真诚的八卦人。"

> **做一做**　你能用一个思维导图将金牌文案的情感价值画出来吗?

项目总结

电商文案在互联网快速发展的进程中应运而生,并逐渐发展成为一个新兴的行业。在当下的消费背景下,受众对商品的需求也呈现多元化特点,而除了满足其实际需求外,更要分析并满足其潜在需求。一名优秀的文案从业者,不仅可以根据商家的文化及理念选择适合的文案类型,写出引起网友共鸣的成功文案,还能利用自身的综合素质及专业知识配合商家进行产品的推广与宣传。

因此,无论您是初入电商职场的文案"小白",还是久经沙场的文案"老司机",都要与时俱进、敢于创新、不断学习,才能成为一名优秀的电商文案策划人。

项目检测

1. 单选题

(1) 金牌文案想要得到读者共鸣, 需遵从(   )。

     A. 作者内心   B. 写作技巧   C. 中心思想   D. 读者爱好

(2) 金牌文案的硬道理, 是(   )。

     A. 真诚   B. 原创   C. 精彩   D. 短小

(3) 九宫格法中心的位置要填写的是(   )。

     A. 产品优势   B. 产品名称

     C. 产品价格   D. 竞争对手信息

(4) 用含蓄、抽象诱导的方法对人们的心理和行为产生影响, 从而使人们按照一定的方式去行动或接受一定的意见, 这句话反映的是(   )型文案。

     A. 实力   B. 梦想   C. 暗示   D. 动机

(5) 梦想型文案适合(   )商品。

     A. 品牌知名度较高的   B. 品牌知名度较低的

     C. 新上市的   D. 大众熟知的

2. 多选题

(1) 金牌文案的实用价值体现在(   )。

     A. 有产品的购买链接   B. 高点击率的标题

     C. 产生了交易行为   D. 拥有对受众有益的干货

(2) 下列标题中, 利用"冲突"来吸引读者的是(   )。

     A. 30 岁的身体 60 岁的心脏, 60 岁的心脏 30 岁的身体

     B. 好身材大多是睡出来的

     C. 挑口红就是在挑老公

     D. 这个小学毕业的保姆, 月薪 3 万元

(3) 本书讲到的电商文案的类型包括(   )。

     A. 梦想型文案   B. 动机型文案   C. 暗示型文案   D. 实力型文案

(4) 消费者的购买动机包括(   )。

     A. 求实动机   B. 求新动机   C. 求廉动机   D. 自由动机

(5) 暗示型文案的特点包括(   )。

     A. 影射性   B. 跨域性   C. 求同性   D. 重复性

3. 判断题

(1) 商品的标题必须完全详尽。   (   )

(2) 文案要拥有对受众有益的干货才叫金牌文案。   (   )

(3) 产品、顾客、文案是营销的三要素。   (   )

(4) 年长的消费者更容易被商家暗示。   (   )

(5) 没有强大的数据支撑也可以创作实力型文案。   (   )

(6)文案类型的选择根据创作者的喜好,没有固定的要求。　　　　　　　　(　　)

4.简述题

(1)请简单阐述一下,何为金牌文案。

(2)电商文案中列举大量的数据,是为了满足消费者哪个方面的购买动机? 请举例说明。

(3)请简单阐述通过怎样的方法可以将消费者引导到梦想型文案的场景中。

5.趣味挑战题

(1)将目标人群定位在青年,并把创意文案印在外包装上的一款白酒叫什么? 　　(　　)

　　A.二锅头　　　　B.江小白　　　　　　C.五粮液　　　　　　　D.茅台

(2)请分析如图1所示金牌文案的优点。

图1　金牌文案实例　　　　　　　　　　　　　图2　暗示性文案实例

(3)试分析如图2所示广告文案属于什么性质的文案,其有什么特点?

项目2 众里寻他——如何抓取关键词

项目综述

关键词源于英文"Keywords",特指单个媒体在制作索引时使用到的词汇。一篇文章是否能够被搜索引擎搜索到,且被读者点击浏览,很大程度上取决于文章标题中所包含的关键词。什么是关键词? 如何合理设置关键词? 关键词的抓取原理及方法有哪些?

小涛和小雅参与了校企合作的项目,在策划部跟岗学习。今天部门张主管带领他们学习如何选取和优化关键词,让企业产品更容易被搜索到。

项目目标

通过本项目的学习,应达到的具体目标如下:

知识目标

▶ 了解关键词的基本含义和分类
▶ 掌握关键词的设置方法
▶ 掌握关键词的布局技巧

能力目标

▶ 掌握关键词的选取方法
▶ 掌握关键词的优化技巧

➤ 学会分析及运用关键词

情感目标

➤ 培养学生养成平时浏览网页关注关键词的习惯
➤ 培养学生借助网络平台分析问题的意识

项目任务

任务1　关键词的抓取原理及优化技巧
任务2　在商品标题中注入关键词
任务3　让关键词助力商品卖点

任务1　关键词的抓取原理及优化技巧

情境设计

今天部门张主管带小涛和小雅认识关键词。张主管给小涛、小雅一张纸条,上面列了以"戒指"为搜索关键词的几个词条,让他们到淘宝网检验一下,哪条关键词更好,好在哪里,为什么?

词条1:韩国小饰品批发　时尚简约花朵食指戒指　潮流百搭开口

词条2:韩国代购　优质合金材质银色镶钻完整造型时尚钻戒

词条3:韩版　白色　狐狸　戒指　指环　饰品　批发

词条4:欧美外贸青岛饰品批发　新款高端铜铸造　女款戒指

任务分解

本任务分解为3个活动:认识关键词;关键词抓取的原理及方法;抓取关键词的注意事项。

活动1　认识关键词

活动背景

一篇文章是否能够被搜索引擎搜索到且被读者点击浏览,在很大程度上取决于文章标题中所包含的关键词。关键词对文案起到了引导作用,是文章中不可缺少的一部分。如何有效地设置关键词,就成为提升搜索率和转化率的关键。

活动实施

1.什么是关键词

关键词,即英文中所说的 Keywords,特指单个品牌或产品服务在网络上制作和使用索引时所用到的词汇。关键词是针对搜索引擎而言的,读者通过关键词可以让搜索引擎搜索到你想要的结果。

互联网的快速发展,使越来越多的网民喜欢通过网络来搜索自己感兴趣的内容。因此关键词的作用就显得非常重要,因为它的排名直接决定了用户能否查看到你需要的网站,对网站的成交量有很大的影响。如图 2.1.1 所示为在淘宝搜索引擎中输入关键词"连衣裙"的搜索结果。

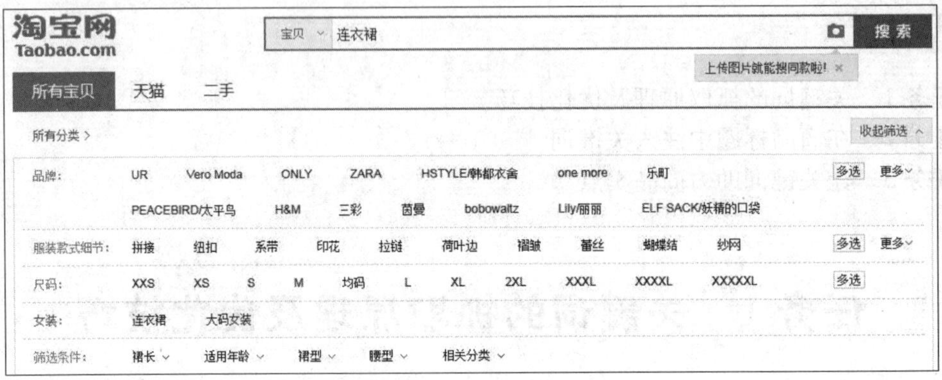

图 2.1.1　关键词搜索

2. 电商中关键词的重要性

关键词原本是运用在网络营销中的,是针对网络搜索引擎而言的,即用户在搜索框中输入一个或几个词语,搜索得到想要的结果。如果关键词用得恰当,则该关键词与用户搜索的关键词匹配度就很高,那么在不考虑竞价排名因素的情况下,电商品牌在电商网站及搜索平台的排名就靠前,就能增加被用户搜索到的概率及被点击的概率。

关键词常被称为利于搜索推广的优化精准词,特点是具备用户认知度最高的词、组合最自然的词,以及最直接明了代表某种商品的词。如图 2.1.2 所示为以"面膜"作为关键词在淘宝网站上搜索的页面截图,不难发现,到淘宝页面搜索"面膜",会出现面膜的品牌、功能、净含量、适用阶段等项目内容。

图 2.1.2　以"面膜"为关键词的搜索页面截图

　　在电商平台,网店和产品是否能被搜索引擎搜索到,且被用户点击浏览,很大程度上取决于电商产品命名中所包含的关键词。关键词对电商的推广文案起到了引导作用,是产品宣传推广中不可缺少的一部分。如图 2.1.3 所示,是以电饭锅为关键词在百度搜索引擎进行搜索的页面截图。在图中,我们可以看到与该品牌相关的一些搜索结果,其中的前三条内容分别为推广式的淘宝热卖链接和京东热卖链接。

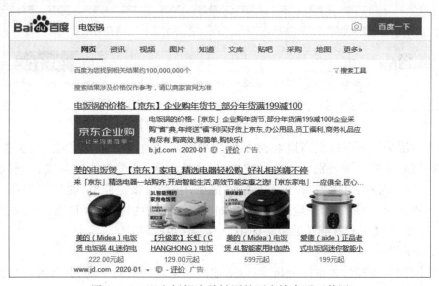

图 2.1.3　以电饭锅为关键词的百度搜索页面截图

做一做　请到淘宝和百度页面输入关键词"手表""女性手表""女性机械手表"进行搜索,并页面截图,对比搜索页面有什么区别,完成表 2.1.1。

表 2.1.1　搜索页面对比

手表		
女性手表		
女性机械手表		

3. 关键词的分类

　　关键词的内容十分丰富,包含产品名称、网站、服务类别、品牌或人名等,也可以是中文、英文、数字或字母的组合,还可以是一个字、一个词组或者一个短语。关键词可分为以下四类。

（1）泛关键词

　　泛关键词是指经常被大量搜索的那些词语,通常指代一个行业或者一个事物,如房地产、服装、家居、手机、汽车、互联网等。这些关键词都具有较为广泛的含义,是大部分网民使用较多、搜索量较大的词语。实际上,这类关键词由于范围太广,通过搜索这类关键词成为某网店的目标客户群体人数会比较少。例如"电脑"就是一个典型的泛关键词,在搜索这个关键词的顾客中,只有很少的顾客会看到"英特尔酷睿 i5 四核独立显卡"并点击进行浏览。

　　泛关键词一般用来进行网络营销或广告投放,适用于那些通过流量来赚取广告的行业网站。但泛关键词的搜索涵盖范围太大,排名竞争也相当激烈,特别是一些主流泛关键词的搜索结果几乎都以千万级来计算。如"电脑"在百度搜索中的搜索结果约为 100 000 000 个,"耳机"在百度搜索中的搜索结果约为 51 600 000 个,如图 2.1.4 所示。

图 2.1.4　"电脑""耳机"泛关键词在百度搜索的数据

通过优化泛关键词可以提高搜索成功率,主要方法是通过将泛关键词的定义拓展开来,包括别名拓展和地域拓展。别名拓展,如"电脑"是"计算机"的口语化叫法,一般情况下都称为"电脑","照相机"简化为"相机"。或者"减肥"我们可以延伸出"瘦身""健身""纤体"等词语。地域拓展,就是要考虑地区的习惯,如"土豆",一些地方会叫"番薯",一些地方会叫"洋芋",增加地域拓展就能帮助更多的用户搜索到目标网站。

(2)核心关键词

核心关键词是指经过关键词分析,可以描述网站主题的最简单的词语,同时也是搜索量最高的词语。例如,某网站是一个 SEO 服务型的网站,那么该网站的核心关键词就是"SEO""网站优化""搜索引擎优化"等。核心关键词可以说是一个网站的灵魂,如果选择了错误的核心关键词,网站将无法获得理想的排名,导致无人问津。选择核心关键词要考虑以下因素:

①相关性。核心关键词要与网站的主题内容相关。例如,文案若以宣传加湿器为主题,那么将关键词设置为"厨房用品"就肯定不可行。核心关键词要告诉搜索引擎这篇文案主要讲的是什么,是宣传哪一款商品的,可以为用户提供什么样的服务,解决什么样的问题等。

②定位精准。核心关键词不能像泛关键词一样定位太宽泛,应尽量体现出具体、精准的内容。商家可以根据需要使核心关键词体现出店铺名称、店铺经营类型、店铺风格、店铺地址等。比如,如果你经营着一家食品销售网站,如果把核心关键词定位为"食品",那么你的网站在搜索结果中可能排名在 20 页甚至 30 页之后。加上地区性、品牌性、拓展性,如"中山安远食品批发"就比"食品"的搜索结果更准确。

③用户搜索习惯。企业可以列出几个与企业品牌或产品相关的核心关键词,然后换位思考一下,如果自己是用户会怎么搜索,从而选择出最接近用户搜索习惯的核心关键词。

④商业价值。核心关键词一定要有商业价值。例如,你将网站的核心关键词设置为"空调压缩机工作原理"则毫无价值,因为用户搜索这类关键词只是为了研究产品的工作原理而不是购买产品。如果将核心关键词修改为"哪款空调更好用""空调价格""空调排名",用户搜索它的出发点就是购买该产品,就有了客户需求,即商业价值,至于客户最终是否购买,客户会综合考虑,但是毋庸置疑我们做了一次广告,激发了客户购买欲望,有了商业价值。

经常被搜索的词才是最有商业价值的词,但这样的词一般会因为太热门而导致部分品牌排名不高。冷门的关键词虽然容易获得排名,但又很少有人去搜索,所以很难实现商业价值。一般情况下,我们可通过以下四个方面去判断核心关键词商业价值的高低,见表 2.1.2。

表 2.1.2　判断核心关键词商业价值高低的依据

判断依据	使 用 方 法	关　　系
搜索次数	企业通过关键词工具和百度指数等工具观察具体数据。	数值越高,竞争程度越高,商业价值越大。
竞争价格	企业可以通过一些搜索引擎的流量工具明确关键词大致的竞价费用。	价格高的不一定竞争激烈,价格低的肯定竞争激烈。
竞争推广数量	企业可以在某个关键词显示的搜索结果中查看竞价排名的数量,以判断关键词的竞争程度。	竞价排名数量越多,说明该关键词的竞争度越大,商业价值越高。
关键词的出现频率	企业可以通过搜索发现相关数据。	出现频率越高,竞争性越强,商业价值越高。

⑤百度指数。百度指数是以百度搜索引擎的数据为基础进行数据统计与分析的平台,能够告诉用户某个关键词在百度的搜索规模、一段时间内的涨跌态势以及相关的新闻舆论变化,关注这些词的网民是什么样的、分布在哪里,同时还搜索了哪些相关的词。百度指数可以反映这个关键词的热门程度,是帮助你决定是否选择该词作为核心关键词的重要参考数据。如在百度指数中输入关键字"单反相机",其指数结果如图 2.1.5 所示。

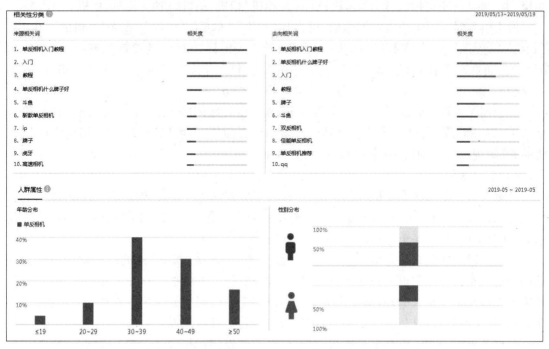

图 2.1.5　"单反相机"核心关键词在百度指数的数据

从百度指数的数据,我们可以分析出,用户搜索"单反相机"的核心关键词集中在"单反相机哪个牌子好""单反相机价格""单反相机入门级""单反相机镜头",我们可以利用这些核心关键词来定义自己的店铺的关键词。另外我们还可以从百度指数看出广东需求最大，男性需求比女性需求大，这些信息对我们的文案策划有很大的帮助。

（3）辅助关键词

辅助关键词又称相关关键词、扩展关键词，指有一定热度，与核心关键词比较接近或相关的关键词，是对核心关键词的补充，用来对核心关键词进行相应的解释。企业在选择过程中不需要考虑其是否能促成消费，只要与核心关键词相关，就可以罗列在内。辅助关键词不仅可以是词语，也可以是短语，用户喜欢用"××是××"的搜索短语，例如，核心关键词是"网络营销"，那"什么是网络营销""网络营销是什么""什么叫网络营销"都是非常好的辅助关键词。例如，广东某公司以销售华为手机为主，其电商核心关键词可以设置为"华为手机""华为广东""手机销售""广东华为手机"等。

辅助关键词可以有效地突出网站的主题，增加网站的流量，其作用主要有三个方面：

①补充说明核心关键词。辅助关键词是对核心关键词的一个重要的补充和说明，可以让网站的主题更加明确。比如下面两个网站，包含的栏目如下，网站 A：相机、佳能、康尼、索尼、富士、宾得；网站 B：相机、单反相机、微单相机、卡片相机、变焦相机、WIFI 相机。

对比 A、B 网站，B 网站的辅助关键词"单反相机、微单相机、卡片相机、变焦相机、WIFI 相机"都是对主核心关键词"相机"的重要补充，比 A 网站的页面相关性要高很多。

②控制关键词密度。辅助关键词能有效地增加核心关键词的词频，控制关键词的密度，防止关键词过多而导致关键词堆砌现象。比如，下面两个页面：页面 1：相机、单反相机、微单相机、卡片相机、变焦相机、WIFI 相机；页面 2：相机、相机、相机、相机、相机、相机。

搜索引擎对页面 1 的内容搜索后，可得到"相机""单反""相机""微单""相机""卡片""相机""变焦""相机""WIFI""相机"等词汇，核心关键词"相机"的关键词密度为 6/11，词频为 6。而页面 2，检索得到的词汇包括"相机""相机""相机""相机""相机""相机"等词汇，核心关键词"相机"的关键词密度为 100%，词频为 6。

③增加页面被检索到的概率。如某页面的核心关键词"相机"和辅助关键词"相机价格""相机品牌"等，用户通过搜索"相机"搜索到该页面外，还可以通过搜索"相机价格""相机品牌"等辅助关键词，在搜索结果中发现该页面。

（4）长尾关键词

长尾关键词是对辅助关键词的扩展，一般长尾关键词由一个短语组成。例如，花店的长尾关键词可以是"哪家鲜花网的服务好""鲜花订购哪里有"等。长尾关键词一般较长，往往由 2~3 个词语组成，甚至是短语，如图 2.1.6 所示。

长尾关键词的搜索量非常少，且不太稳定，但是，长尾关键词带来的由搜索用户转为企业用户的概率比目标关键词高很多，而且目的性也更强。电商平台存在大量长尾关键词，其带来的总流量是非常大的，通常长尾关键词可以与泛关键词配合使用。例如，目标关键词是包，其长尾关键词就可以是女包、男包、手提包、单肩包、双肩包等。

长尾关键词的基本属性是具有可延伸性，针对性强，范围广。例如，关键词是"服装"：它的长尾关键词可以分成很多类，如男性服装、女性服装、夏装、冬装等；以及它的品牌拓展，如某品牌服装等；还可以按材质拓展，如棉质、羊毛、雪纺等。因此，选择长尾关键词进行优化，显然更有转化价值。

图 2.1.6   "在线订花"搜索页面

活动小结

小涛和小雅现在已经了解了关键词的重要性,并且学会了关键词的分类,你呢?是否对关键词有一个全新的了解?

做一做   假如你是小雅,部门主管请你为"戒指"列出以下关键词,请填表 2.1.3。

表 2.1.3   关键词分类

分　类	举　　例
泛关键词	
核心关键词	
辅助关键词	
长尾关键词	

活动 2   关键词抓取的原理及方法

活动背景

没有流量和曝光率对于任何商家和企业来说都是致命的。对于规模不大或品牌并不响亮的商家来说,没有实力通过竞价的方式来宣传推广自己的产品,此时就可以通过设置关键字的方法来优化网站。成功的文案关键词可以提升产品销量,就像产品标题的关键词一样,流量词和精准词都是不可缺少的。流量词可以带来大量的流量,增加产品的曝光率,而精准词可以带来优质访客,增加产品的转化率。那么要怎么才能设置出更能体现客户需求并提高曝光率的关键词呢?

活动实施

1. 关键词的选取与分析

淘宝网是目前最为流行的电商平台,要想在淘宝网中成功经营一家店铺并获得盈利,客户流量是不可或缺的,这就要求店家做好站内优化,选择合适的关键词来提高产品在淘宝搜索中的排名。下面就针对淘宝平台介绍获得关键词渠道的方法。

(1)搜索输入框

与百度搜索引擎类似,在淘宝平台的搜索输入框中输入你所在类目的关键词,在弹出的下拉列表框中,会提示与该类目相关的搜索热度较高的关键词,如图2.1.7所示。

图2.1.7 淘宝搜索输入框

在搜索输入框下方,还展示了淘宝网当前搜索量最多、产品热度最高的一些关键词,如图2.1.8所示。这些关键词也有一定的参考价值,商家可查看与这些关键词相关的其他产品的关键词的写作方式,然后结合自己店铺的产品特点来进行关键词的确定。

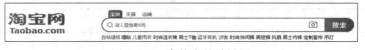

图2.1.8 高热度的关键词

(2)淘宝卖家中心后台数据

卖家可以在淘宝网上随时查询"卖家中心"页面的相关数据。卖家中心页面中的"店铺数据"模块显示了当前店铺的交易数据。当打开"重点诊断"页面时,可以看到店铺最近30天、最近一周或者自己自定义分析的店铺流量统计数据。

商家还可查看店铺PV值(页面浏览量,即点击打开店铺首页的次数)、UV值(访问IP数量,即进入店铺的顾客人数),以及转化率(最终成交订单数与进入店铺浏览数的比率)等。此外,商家还可搜索到"行业热门搜索词TOP10",并据此确定设置淘宝相关的关键词。

(3)阿里指数

阿里指数是一款用于电商平台市场动态数据分析的平台,可以为用户提供市场行情分析、热门类目、搜索词排行、买家概况等数据分析,如图2.1.9所示。

阿里指数主要分为"区域指数"和"行业指数"两种分析方法,下面分别进行介绍。

区域指数包括"贸易往来""热门类目""搜索词排行""买家概况""卖家概况"5个数据分析。

图 2.1.9   "阿里指数"首页

①"贸易往来":通过对交易双方输出与输入目的地进行定位,分析两地之间的商品贸易往来关系,对排名前 10 位的商品类目进行排序和汇总。如图 2.1.10 所示为"广东省到浙江省"与"浙江省到广东省"的商品往来关系。从图中可以看出,广东省输出到浙江省的最大交易量是手机,而浙江省输出到广东省的最大交易量则为连衣裙。

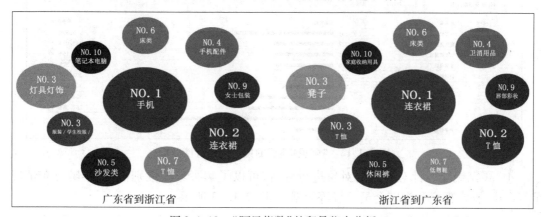

图 2.1.10   "阿里指数"的贸易往来分析

②"热门类目":分别通过"热买"和"热卖"排行榜,对目标区域的热门类目进行分析。如图 2.1.11 所示为浙江省的商品类目热买排行榜和热卖排行榜。从图中可以看出,浙江省热买的商品类目第一位是手机,热卖的商品类目第一位是连衣裙,跟图 2.1.10 所示的贸易往来分析吻合。

类目排行榜				类目排行榜		
排名	类目	交易指数		排名	类目	交易指数
1	连衣裙	2,382,502		1	手机	1,543,030
2	汽车用品/内饰品	1,871,906		2	连衣裙	1,539,400
3	小店优惠商品	1,610,359		3	空调	1,203,399
4	裤子	1,491,252		4	T恤	999,672
5	T恤	1,468,054		5	沙发类	988,910
6	T恤	1,341,572		6	T恤	938,588
7	卫浴用品	1,277,043		7	灯具灯饰	923,384
8	休闲裤	1,103,070		8	床类	869,434
9	低帮鞋	1,098,008		9	手机配件	867,864
10	衬衫	1,029,113		10	休闲裤	865,166

图 2.1.11   "阿里指数"的热门类目分析

③"搜索词排行榜":在搜索词排行榜上,清晰呈现最近7天最火的搜索词、行业和品牌等数据,如图2.1.12所示。浙江省的搜索榜前三位的是手机、连衣裙和华为,而涨幅榜前三位的是华生空气热水器、保时捷同款帽子(这个刚好跟2019年8月的一个新闻热点有关)、七夕送男友(刚好编这节内容是2019年8月8日,七夕的第二天)。

搜索词排行榜	搜索榜	涨幅榜			
排名:	搜索词	搜索指数		搜索涨幅	操作
1	无	10.056		15.61% ↑	
2	手机	7.859		0.26% ↑	
3	连衣裙	7.612		6.79% ↓	
4	华为	5.371		6.81% ↓	
5	天猫衣场	5.105		5.94% ↓	
6	小米	4.694		0.10% ↓	
7	华为手机	4.524		5.53% ↓	
8	T恤	4.021		5.07% ↓	
9	零食	3.843		2.53% ↑	
10	口红	3.611		22.12% ↑	

搜索词排行榜	搜索榜	涨幅榜		
排名:	搜索词	搜索指数		搜索涨幅
1	华生空气净化器	551		955.89% ↑
2	保时捷同款帽子	327		443.05% ↑
3	七夕送男友	321		413.19% ↑
4	女乐福鞋	293		313.30% ↑
5	同城鲜花速递	208		308.16% ↑
6	茶酒	284		306.43% ↑
7	88会员节	408		294.76% ↑
8	七夕礼物抖音	458		287.38% ↑
9	七夕礼物送老婆	991		283.57% ↑
10	纯牛奶箱	215		282.56% ↑

图2.1.12 "阿里指数"的搜索词排行榜分析

④"买家概况":针对不同的对象进行分析,可以了解买家的性别占比、年龄分布情况、星座占比、日常喜好和淘宝会员等级等数据,如图2.1.13所示。

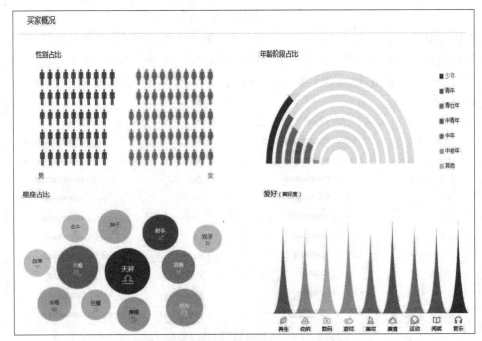

图2.1.13 "阿里指数"的买家概况分析

⑤"卖家概况":主要通过对卖家的主营业务、星级占比和经营阶段等进行分析,让用户能够更方便地查看各个热门行业的卖家信息,如图 2.1.14 所示。

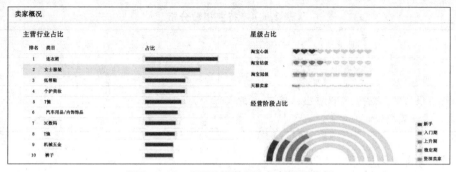

图 2.1.14   "阿里指数"的卖家概况分析

行业指数是对某个主营类目的"搜索词排行""热门地区""买家概况""卖家概况"等数据进行分析得出的统计结果,可以帮助用户更好地获得所需类目的相关信息,制订合理的营销方案或文案方案。图 2.1.15 所示为"女装/连衣裙"类目的行业指数分析。

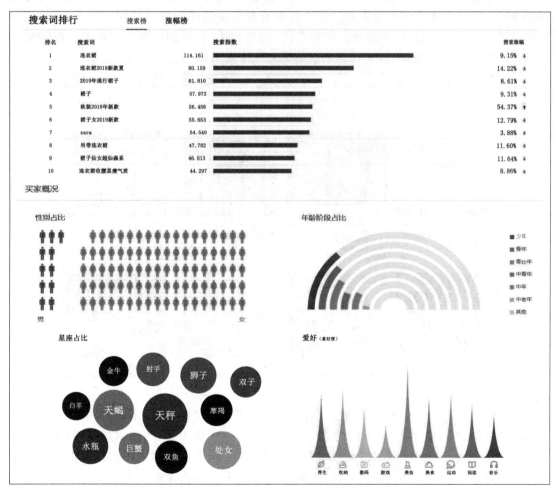

图 2.1.15   "阿里指数"的行业指数分析组图

做一做　在阿里指数中选择"行业指数",搜索类目"男装/卫衣",搜索其分析结果,并完成表2.1.4。

表2.1.4　行业指数分析

搜索词排行	热门地区
买家概况	年龄阶段占比
分析结果:根据以上数据,可以看出,购买产品的大部分为(　　　　　　　　),(　　　　　　　　) 关键词为搜索热度较高的词汇。	

2.关键词的优化技巧

设置完关键词后,并不意味着所有事情都做完了,商家还需要对关键词进行优化,让关键词发挥最大的营销效果。我们可以从以下5个方面进行关键词优化。

(1)淘宝关键词的设置规则

如果不做付费广告,企业要想在电商平台得到尽可能靠前的展示位置,就只能靠优化关键词来提高排名。优秀的商家有非常多的流量及非常高的转化率,原因在于他们熟悉淘宝的搜索规则,在优化与推广方面做得更精准,客服更到位,积累的老客户也更多。在淘宝和天猫首页搜索"保湿面膜",其默认显示结果为人气搜索结果,如图2.1.16所示。

图2.1.16　淘宝搜索"保湿面膜"结果

淘宝或天猫的默认搜索结果是按照商品的人气进行排序的,一般来说,影响商品人气搜索结果的是综合卖家信用、好评率、累计本期售出量、30天售出量、产品浏览量、收藏人气等因素竞价排名的。如何让产品排名靠前?影响淘宝网人气产品排名的因素按照重要性排序依次为成交量、收藏人数、卖家信誉、好评率、浏览量。具体情况见表2.1.5。

表2.1.5　主要影响淘宝产品搜索排名的因素

影响因素	解释	影响
成交量	宝贝的成交量一定要是实际的成交量,不能通过刷单或修改宝贝价格来增加,并且要保证每周或每月都有一定的成交记录。	同等交易量的情况下,交易金额大的宝贝排名高于交易金额小的宝贝排名。比如卖家A和卖家B每周都有50单交易,卖家A每单的成交价格为50元,卖家B每单的成交价格为100元,则卖家B的排名要高于卖家A。
收藏人数	买家收藏卖家店铺的数量也会对宝贝搜索的排名产生影响。	收藏的数量越多排名越靠前。这也是很多店铺设置收藏后赠送优惠券或小礼物的原因。
卖家信誉	信誉一直是评价商品质量与服务的一个标准。	信誉度越高的卖家越容易受到买家的信赖,同时在搜索结果中排位也会相对靠前。
好评率	良好的商品评价是长期经营店铺的基础。	好的评价不仅可以增加买家对商品的好感,更能提升商品的搜索排名。
浏览量	商品页面被买家浏览的次数越多,说明商品的流量越大,越容易被其他买家所关注。	卖家可以通过直通车、微博、论坛或网站等渠道进行推广,让更多的买家知道并点击你的商品。

除了以上5个因素是常见的影响人气搜索结果的因素外,还有一些其他的优化技巧也会对人气搜索结果造成影响。具体见表2.1.6。

表2.1.6　搜索结果优化技巧

搜索结果优化	优化技巧
宝贝上架时间	选择浏览量高峰期上架宝贝,可以增加浏览量。推荐8:30—10:00,15:00—17:00,20:00—21:00。
宝贝下架时间	宝贝离下架的时间越近,搜索结果排名会越靠前。
设置公益产品	如果将宝贝设置为公益宝贝,虽然每次卖出宝贝都会捐出一定的公益金,金额很少,但在同类商品的搜索结果中排名会靠前。
新品	不存在同款且第一次上架的宝贝称为新品。新品会有21天的扶持期,在此时间内,该商品的排名会靠前。
设置限时打折包邮	宝贝设置了限时打折包邮功能时,宝贝的展示量也会有所提升。
关键词间留空格	使用空格或标点将不同的关键词分割开,可以提高关键词的排名权重,但不能添加太多,一般一个标题中1个即可。
设置橱窗推荐	橱窗推荐相当于店面的优先展示产品,这是淘宝免费给的宝贝权重。
宝贝类目清晰详细	这样,在淘宝首页搜索时会直接显示分类。
利用好新店期	新店的排名会比其他店铺的排名靠前。要想达到良好的排名效果,就要在收藏、浏览量、成交量和动态评分等方面多加努力。

直通车是淘宝网为卖家量身打造的一种按点击量付费的营销工具,它通过设置宝贝关键词来进行宝贝排名,并按照点击进行扣费,实现宝贝的精准推广。淘宝直通车推广,在给宝贝带来曝光量的同时,精准的搜索匹配也给宝贝带来了精准的潜在买家。淘宝直通车推广,用一个点击,让买家进入你的店铺,产生一次甚至多次的店铺内跳转流量,这种以点带面的关联效应,可以降低整体推广的成本和提高整店的关联营销效果。同时,淘宝直通车还给用户提供了淘宝首页热卖单品活动和各个频道的热卖单品活动,以及不定期的淘宝各类资源整合的直通车用户专享活动。其具体设置方法如下:

①为要推广的宝贝设置相应的关键词及宝贝推广标题。

②买家在淘宝网中通过输入关键词搜索商品,或按照宝贝类目分类搜索时,将展现你所推广的宝贝。

③买家通过这种方式看到你的宝贝,并在直通车推广位点击你的宝贝后,淘宝系统就会根据你设定的关键词或类目的出价进行扣费。

直通车一般按照综合排名的方式进行排名,其排名的方式是:质量得分乘以出价。质量得分是根据卖家设置的关键词、关键词价格、类目和属性、买家反馈信息等诸多因素综合评估后而展现的。如有 A、B、C、D 四个卖家,它们的直通车相关信息和排名见表2.1.7。

表2.1.7　排名

卖　家	关键词	出价/元	质量得分	排名计算	排名顺序
A	保湿面膜	2.5	3	2.5×3＝7.5	1
B	保湿面膜	1.3	5	1.3×5＝6.5	3
C	保湿面膜	1.5	4	1.5×4＝6	4
D	保湿面膜	0.7	10	0.7×10＝7	2

此外,企业还可以利用钻展、淘宝客等专业营销推广工具进行推广。它们是淘宝网为卖家量身打造的付费式营销工具,通过设置产品关键词,按推广期间点击量进行收费。在遵循相应的规则条件下,企业要尽量做到以最少的推广成本达到最好的传播效果。

(2)合理组合关键词

通过搜索引擎或淘宝网等平台收集能够为己所用的关键词,这些关键词一般是描述产品、品牌、网站或服务的词语,并且是人们在搜索时常用的词语。然后将这些收集到的关键词组成常用的词组或短语,进行组合搭配。

①组合有成交量的关键词。类似于"风衣""连衣裙""美白""面膜"等搜索量很高的关键词,每天的搜索量几十万。这样的词语不能直接使用,要先分析清楚这类关键词中哪些能够带来转化率。比如你的店铺有一批"风衣",在该类目下有以下 3 个级别的关键词。

第一级别关键词:风衣女、风衣男、风衣外套、风衣加厚、风衣韩版。

第二级别关键词:中长款、短款、长款、学生风、英伦风、修身显瘦、学院风、商务。

第三级别关键词:外套、印花、双排扣、长袖、秋装、潮、宽松、大码。

假设这些关键词都是用户经常搜索的,其中"中长款""英伦风""修身显瘦""印花""大码"是成交量较高的关键词,那么在组合关键词时,就要在符合自己产品特点的前提下优先融入这几个关键词,再挑选或直接舍弃其他会带来更大竞争的关键词。如"风衣女中长款修身显瘦英伦风外套""风衣女双排扣英伦风外套""风衣男中长款商务""女士宽松休闲韩版风衣""韩版英文印花风衣中长款修身显瘦"等就比"中长款风衣""加厚风衣外套"等更具有识别度,也更容易获得靠前的搜索排名。

②选择转化率高的关键词。转化率高的关键词一定是能够直接体现买家需求的词语,也就是说要选择明显针对买家购买意向的词语进行组合。比如搜索"大码显瘦遮肉女装套头卫衣"的买家,其购买的意向及针对性肯定会比"大码女装"要高很多。这是因为当买家以一个非常明确的需求关键词进行搜索并进入你的店铺,该款产品又正好是他想要的产品时,店铺成交的概率就会远高于其他的关键词。

③营销词的组。由于网络信息越来越丰富,用户在浏览页面时,往往以一目十行的速度进行阅读,他们一般重点查看句子前面的内容,因此,带有营销性质的亮点词汇需要尽量放在最前面,如"低至一折""低价甩卖""卖疯了""2019最新款""明星同款""××报道"等字眼来尽量吸引买家的注意力。

④选择匹配度高的关键词。匹配度是指用于描述产品的词语,要与产品自身的属性和特点相匹配,不能出现你的产品材质是"纤维",而组合的关键词却使用"全棉";如果你卖的皮鞋只有头层是牛皮,就不能说是全皮。产品自身的属性和特点词汇有很多,包括品牌、材质、风格、功能等,在选择这些词语时,要避免使用冷门、没有流量的词汇;但也不要选择非常热门的词汇,这样的词语竞争十分激烈,转化率不高。在此原则的基础上,保证关键词精确匹配到产品即可。比如以"补水美白面膜"为目标关键词进行搜索,其搜索结果如图2.1.17所示,只有标题中匹配了"补水"和"美白"关键词的宝贝才被搜索到。

图 2.1.17　淘宝搜索"补水美白面膜"结果

⑤关键词的取舍。将产品或服务相关的关键词整理好以后,会发现关键词的数量较多,就要对这些关键词进行合理的取舍,把用户搜索量较少的词语舍弃,留具有一定流量和热度的词语重新组合。

根据上面介绍的组合技巧,我们以 3 个淘宝女装品牌/店铺的关键词组合为例进行分析。
夏秋季　格纹带　腰封　收腰　背带伞裙　半身裙短裙　2019夏季最新款　韩版学院风　显瘦　条纹拼接　假两件　连衣裙　女夏　小清新　衬衫裙　明星同款　A字裙　百搭　纯色连衣裙。

这 3 个女装品牌/店铺都在售卖女士夏装裙子,如果只是将"夏装女裙"作为关键词,虽然该关键词搜索量很高,但不能实现精准转化。因此,需要把能实现高成交量的词(如"韩版""学院风""学生气质")、明确消费者需求的词(如"显瘦""收腰""百搭")、匹配产品自身属性和特点的词(如"A 字裙""条纹拼接""背带伞裙")、营销词(如"2019 夏季最新款""明星同款")等都进行组合搭配。如果品牌比较知名,在关键词设置中列上品牌名称。

(3)控制关键词的密度

关键词的密度(Keywords Density)是用来衡量关键词在网页上出现的总次数与其他文字的比例,一般用百分比来表示。其计算方法如下:

$$关键词密度 = \frac{关键词长度 × 关键词出现次数}{文章所有文字长度}$$

企业要注意控制关键词的密度,并尝试扩展核心关键词,以增加页面被检索到的概率。搜索引擎会计算字数,而那些重复出现的词语权重更高。此时,就需要考虑关键词设置密度。因此,为了使页面更快地被搜索到,关键词必须在搜索引擎允许的范围内尽量多次出现。

通常来说,关键词出现的频率越高,关键词密度也就越大。网页确实会因为关键词的高密度设置而增加其被搜索到的概率,但关键词密度过高也会造成关键词的堆砌,使网页内容可读性降低,这样很容易影响阅读体验,引起读者的反感。一般来说,关键词密度在2% ~ 8%较为合理,5%左右最佳。大部分搜索引擎都对标题字数有限制,因此要在合理的标题字数范围内,选择并组合成有吸引力的关键词。企业需要舍弃的关键词包括三种:拼写错误率比较高的关键词;停用的关键词;类似于"最好的""疯狂地"等修饰型的关键词。

(4)关键词的排列

网站关键词的排列顺序会让搜索引擎的检索结果发生变化。一般来说,排在前面的关键词权重相对较高。从用户体验的角度考虑,排在前面的关键词便于用户阅读和点击。比如"牛仔长裤显瘦"和"显瘦牛仔长裤"的搜索结果中各店铺的排名就不同,如图 2.1.18 所示。

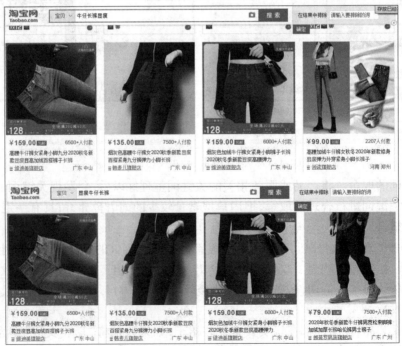

图 2.1.18   淘宝搜索结果对比

（5）关键词的布局技巧

"得关键词者得天下"，关键词的布局十分重要。关键词出现频率过高容易造成关键词堆砌，而且插入太多的关键词会增加文案的写作难度，甚至会产生一些病句。企业要想获得高点击量，仅靠主关键词还不够，要提高点击量，就要深入挖掘更多的长尾关键词，并把握长尾关键词在网站信息中的布局技巧。

编写标题对于 SEO 来说非常重要，写标题时要考虑两个方面内容：一是 SEO 的效果，二是吸引用户点击。从用户搜索的角度来看，关键词越排在前面，越容易被看到和点击。图2.1.19 所示为两款产品设置的关键词排序特点。

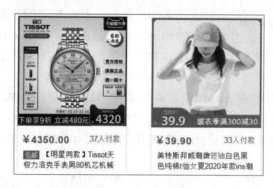

图 2.1.19　关键词设置排序案例

（6）常用的关键词优化策略

很多人认为对关键词进行优化是一件非常困难的事情，因为很容易出现因关键词选择错误，导致网站的搜索量不高或对产品的销售量、企业的品牌曝光度起不到多大作用的问题。其实不然，只要掌握了一定的技巧，对关键词进行优化设置也有一定的规律可循。

根据用户的搜索习惯，常见的关键词设置形式包括以下几种。

①产品或服务+功能特效。这种形式可以是对自身产品的介绍或功能描述，也可以是对某服务的技术或流程的描述。例如，对一家卖皮鞋的网站进行关键词组合，可以从产品自身的特性展开，包括皮鞋的质地、制作工艺、样式等，也可以从不同的受众展开，如女士皮鞋、男士皮鞋或儿童皮鞋等。

②产品或服务+搜索意图。搜索意图就是指这些"是什么?""怎么样?""哪里有?""如何做?"等。它是基于对自身产品或服务所在行业的规则，对一些特有词汇进行组合的方法。

企业收集所需要的关键词之前，要了解用户平常是如何使用关键词的。用户在搜索时很少使用单个词，更多的是使用短语或词组。弄清这一点，对企业在目标网页中选择什么样的关键词起到了很大的作用。搜索这些关键词的用户，一般都是网站的潜在用户，将其转化为有效用户的概率会高很多。例如，用户要搜索"姜汤"方面的信息，一般很少会输入"姜汤"两个字，通常都是输入"姜汤的作用"或"姜汤的制作方法"。再如"面膜"，用户会搜"哪款面膜美白效果好""某面膜的美白效果怎么样"等。

③产品或服务+品牌型号。如果在某个行业中某款品牌已经非常知名，那么企业在设置关键词时，就可以参照该知名品牌，借知名品牌的人气来推广自己的网页和品牌。如果

图 2.1.20 "产品或服务+
品牌型号"关键词设置

是个不知名品牌的产品,则可以通过自己的品牌与其他知名品牌或者竞争对手品牌来为自己的网站进行宣传。例如,一说到项链,大家第一反应大部分是金六福、周大福等知名品牌,如果是一个不知名的饰品网站,则可以通过金六福、周大福等知名品牌的人气来进行自己网站的推广,实现引流,从而提升网站在搜索引擎中的排名,如图 2.1.20 所示。

现在互联网丰富多彩的内容和开放性特点,造就了错别字较多的现象。一些不知名的小企业网站利用用户耳熟能详的词语进行产品的推广,可以加深用户印象引起大家的关注和共鸣。例如,"迅雷"与"讯雷""vagaa"与"vagag"等,大大提高网站的搜索排名。

④产品或服务+经营模式。经营模式通常是指零售、代理或加盟等。如果希望更精准地找到潜在客户,就可以在关键词优化设置过程中体现出相关的信息,如凸显出"代理加盟""正品行货代发"等关键词,可以让用户直接找到商家,如"iPhone 7S 代发货""某官方旗舰店""某连锁加盟店"等。

⑤产品或服务+企业信息。企业列出一大堆常见关键词后,接下来就是通过长期观察去除较少人使用的词语,剩下的就是与企业、产品相关的最佳关键词。如,快递行业的最佳关键词是"快递""物流""货运"。快递企业只要设置好这几个关键词,就可以保证自己的网页或企业名称容易被用户搜索到。

⑥产品或服务+领域区域。领域区域既可以是应用领域,又可以是地域名称。例如,一家名为"广州汇美医疗美容医院"的医院,针对此医院有以下几个关键词"医疗美容""广州""微整形",如果简单地用这几个关键词去搜索,用户是很难搜索到该医院的。因此,该医院将其组合为"广州微整形医疗美容医院"。

活动小结

关键词的设置是这一章的核心,好的关键词可以给整个网站和产品带来直接的搜索量,关键词的选择和优化技巧,小雅和小涛都掌握了,你呢?

做一做　打开淘宝,找一找符合以下关键词设置技巧的产品,完成表 2.1.8 并进行分析。

表 2.1.8　关键词设置形式

类　别	举　例	分　析
产品或服务+功能特效		
产品或服务+搜索意图		
产品或服务+品牌型号		
产品或服务+经营模式		
产品或服务+企业信息		
产品或服务+领域区域		

活动 3 抓取关键词的注意事项

活动背景

没有流量和曝光率对于任何商家和企业来说都是致命的。对于规模不大或品牌并不知名的商家来说,并没有实力通过竞价的方式来宣传推广自己的产品,此时就可以采用设置关键词的方法来优化网站,那么怎样才能设置出更能体现客户需求并提高品牌曝光率的关键词呢?

活动实施

1. 寻找关键词的技巧

很多电商文案策划者都知道关键词的重要性,但不知道如何去挖掘和寻找关键词。常见的寻找关键词的方法有以下 3 种。

(1)了解行业概况

了解行业概况是寻找关键词的第一步。一般从以下 3 个方面了解行业:

①搜索行业主关键词。搜索结果前 5 页的网站,基本上就可以说明该行业的概况。搜索行业关键词,排名前 50 名的基本都是较有知名度的企业。

②搜索排名靠前的网站。在行业关键词搜索结果前 10 个网站或网页中,主要是竞价网站、行业网站、企业网站、个人网站。如果竞价网站和行业竞价网站居多,那么说明关键词的商业价值较强,我们就可以把这个关键词放进自己的文案中。

(2)行业关键词集合

行业关键词集合是确定关键词的技巧之一。可以先搜索行业主关键词,单击搜索结果第一页底部的更多相关搜索,这里就是行业关键词的集合地,文案策划者可以对其进行适当的筛选。再从百度指数获得每个关键词的每日搜索量,根据这个搜索量可以变更网站产品的关键词组合,或为产品插入热点关键词。

(3)关键词竞争分析

从行业关键词集合中找到自己想要的关键词后(在选择时要考虑 3 个方面,即关键词的相关性、关键词的搜索量和关键词的商业价值),再对主关键词选择关键词,称为二级关键词,可以按了解行业概括的方式了解二级关键词的排名情况。一般来说,二级关键词的竞争性都不是很强,如果在搜索结果的第一页出现,就可以将其定为目标关键词之一。如果主关键词是小米手机,二级关键词确定为"米粉",在百度搜索"米粉",关于米粉的信息会出现在百度的首页,那"米粉"就可以确定为二级关键词。

2. 设置关键词的视角

(1)从公司产品的角度出发

首先,关键词的设置不能脱离公司产品,必须要与产品或网站内容相关。如果使用了与网站内容不符的关键词,即使用户通过关键词搜索进入了网站,也不会对内容不一致的产品感兴趣。

其次,如果你的企业客户只涉及部分区域,那么设置关键词时就没有必要扩大自己的竞争区域,可以将自己服务的地域范围融入关键词中,因为大多数客户通过搜索引擎寻找目标网页时都是以实际需求为主。比如你的公司只针对珠海地区进行婚庆策划,那么选择的关键词就可以是"珠海婚庆策划、珠海婚礼服装出租、珠海婚礼包办"等。

(2)从用户的角度考虑

关键词一定是用户会进行搜索的词语或短语,企业应将自己置身于用户的角度,按照用户的思维去思考,才能提炼出符合用户搜索习惯的关键词。

①利用用户的搜索习惯来设置关键词。不同需求的用户,其搜索习惯会存在一定的差别。一般来说使用不同的关键词进行搜索时得到的结果也会千差万别。而对于相同的内容来说,如果页面中的关键词表达形式与用户的搜索习惯存在差异,搜索的相关性也会受到影响,甚至不会被搜索引擎检索而导致不能被用户所浏览。因此,要对这些关键词进行统计与分析,了解用户在寻找同类产品时所使用的关键词形式,分析用户的搜索习惯,最后采用那些符合大部分用户搜索习惯的关键词。

②利用用户的浏览习惯设置关键词。大多数用户在浏览网页时,除了一些需要集中精力去阅读的文章外,大部分时间都是扫描网页中的内容。在这个过程中,用户往往会忽略那些对自己并不重要的信息,而将注意力集中在对自己有用的信息上。美国著名网站设计师杰柯柏·尼尔森(Jakob Nielsen)在2006年4月发表的《眼球轨迹的研究》报告中称,浏览者大多数情况下都以"F"形状的模式进行网页阅读,这种阅读习惯决定了网页呈现"F"形的关注度。这种模式的步骤如下:a.横向浏览。浏览者首先在网页内容最上部进行横向浏览。b.目光下移,小范围水平移动。浏览者会将目光向下移一段方位后再次横向浏览,扫描比上一步短的区域。c.纵向浏览。浏览者完成上两步后,会将目光沿着网页左侧垂直浏览,速度较为缓慢,也较有系统性和条理性。按照这种"F"形的轨迹设置文案内容的关键词,可以尽量让用户在视线所及范围内浏览到对自己有用的信息,从而增加网站对用户的吸引力。

③利用用户的阅读习惯设置关键词。网络页面阅读与传统纸质媒介阅读的习惯不同,这是因为互联网页面中包含信息十分广泛,很容易分散读者的注意力。要想让读者注意到你的网站,网站内容需要尽量简洁。不要放置多余的文字或图片,扰乱读者的视线。突出有用的内容,尽量缩短页面的篇幅,让读者能够一眼就看到文案的全部内容,不需要滚屏阅读。页面设计要符合读者的习惯,比如文字的方向一般是从左至右、从上到下。页面布局要合理,可以先把页面划分为明确定义好的几个区域,将各个区域合理地安排在网页对应的位置,便于用户浏览。

④从对手的角度考虑。"知己知彼,百战不殆。"作为电商网站的管理者,不仅要快速找到最能反映自身业务特点的关键词,还要时刻关注竞争对手的网站,了解同行及竞争对手所使用的关键词,综合分析并参考这些关键词,以得到启发,进行SEO优化,提高自身网站的搜索排名。

3.确定关键词的七大步骤

很多人都认为确定关键词是一件非常困难的事情,因为很容易发生关键词选择错误,导致文案搜索量不高或对商品的销售量、企业的品牌曝光度起不到多大的作用。其实,只要找到技巧,确定关键词只需要几个步骤。

①选择关键词。根据企业及其产品特点选择适当的关键词,当然要选取那些经常被用

户在搜索相关信息时所用到的关键词。

②理解关键词。选择出适当的关键词后,从消费者角度理解这些关键词如何被消费者使用。

③处理关键词。主要是利用前面学习的优化技巧对关键词进行组合,使我们的关键词能排名在搜索引擎的前列。

④舍弃关键词。将一些拼写错误或者停用、无用的关键词舍弃掉,保留对搜索起作用的关键词。

⑤优化关键词。完成上面 4 个步骤之后,企业已经列出了一大堆关键词,接下来要做的工作就是通过观察和对比去除消费者较少使用的词语,优化剩下的最佳关键词。

⑥设置关键词的密度。保证我们的关键词在搜索引擎允许的范围内多次出现。

⑦突出关键词。把关键词放在有价值的地方,发挥关键词精准搜索的商业价值。

活动小结

寻找和设置关键词,需要我们在实际工作中不断地积累和总结经验,小雅已经开始利用这样的方法去实践了,你可以试试吗?

做一做　想一想,你还有哪些方法可以帮助我们更好地选择和设置关键词?

任务 2　在商品标题中注入关键词

情境设计

上一任务中,小涛和小雅通过学习,认识了什么是关键词,掌握了关键词的选取和优化技能。今天,张主管告诉小涛和小雅,如果将学习到的关键词技巧应用到商品标题中,不仅可以吸引客户注意力,更可以为店铺带来更多的流量。

张主管随手拿起办公桌面上的墨镜和防晒霜递给小涛和小雅,让他们为这两件商品拟定一个商品标题。

任务分解

本任务分解为 3 个活动:认识商品标题;商品标题中的关键词;优化商品标题的关键词。

活动 1　认识商品标题

活动背景

与实体店一样,流量是衡量一家店铺人气的主要标志之一,而网店的流量大部分来自搜索流量。这主要取决于商品标题与用户搜索的匹配度。所以商品标题与消费者搜索的关键词的匹配度是决定流量的重要因素之一,一个好的商品标题在吸引用户注意力的同时,还可以给店铺带来更多的流量。

活动实施

1. 认识商品标题

商品标题(也称为宝贝标题)是指商品详情页面的标题部分,它一般出现在用户搜索结果页面,如图2.2.1所示,以及商品详情页的顶部,如图2.2.2所示。

图2.2.1　淘宝搜索结果页面

图2.2.2　淘宝详情页的顶部

2. 商品标题的基本属性

商品标题要包括商品规格、名称、品牌、材质、类别、颜色、生产日期、保质期等,它要求信息完整、正确和真实。如图2.2.3所示是一款面膜的商品属性,如图2.2.4所示是一款手机的商品属性。从图中可以看出,不同的产品其商品基本属性差别很大。

图2.2.3　一款面膜的商品属性

图 2.2.4　一款手机的商品属性

商品的基本属性有很多,在撰写商品标题时,应该将这些属性关键词融合其中,通过关键词的累加来与买家搜索的关键词进行匹配,以提高店铺的流量。

一个好的标题需包含的属性内容为商品名称、商品所属店铺名称/品牌名称、同一商品的别称、商品价格和商品必要的说明。比如:

迪士尼保温杯　真空子弹头保温瓶茶杯　男女式杯子　500 mL 儿童杯水杯

迪士尼保温杯壶超长保温 1 200 mL　旅行户外家庭旅游必备杯　正品包邮

①商品名称是商品标题的基本要素。如果没有商品名称,用户怎么知道你卖的是什么呢?

②在商品前加上店铺名称或品牌名称,有利于宣传自己的店铺。特别是对一些已经在客户心中留下良好印象或有名气的店铺或品牌,加上这些信息后,能够使客户一目了然地找到他们所需要的商品。

③有时同一个商品可能有不同的称呼,为了让买家尽可能地找到你的商品,应该尽可能将别称写上去。

④对于特卖型的商品,在标题中加上商品价格,可以快速吸引买家眼球。如"××元! 特价大甩卖!""第二件半价"等,可以让顾客感受到优惠。

⑤某些特殊类型的商品,需要在标题中加一些必要的说明信息(商品的形式和数量),比如虚拟货币等商品,就需要表明商品的具体实现方式。如图 2.2.5 所示,为一组流量充值的商品标题,它需要说明充值地区、充值的流量,是否可以叠加使用、是否可以跨月使用等。

图 2.2.5　商品必要信息说明

3.商品标题的作用

商品标题跟人的名字一样重要,是展现给他人的第一印象。当买家在众多搜索结果中找寻他需要的商品时,商品标题就是吸引他的第一要素,只有对你的标题感兴趣或标题中某个词汇吸引到买家,才会使买家点击。商品标题的作用主要有以下两点。

①买家搜索。不管你的商品详情页写得有多好,商品本身有多好,首先得被人搜索到才

行,商品标题承担着被买家搜索的重任。如图2.2.6所示为买家搜索"鲜花"后获得的结果。对买家来说,他们每个人搜索商品的出发点和对商品的了解程度都不同,搜索词语也会不同,如图2.2.7所示为"鲜花"搜索结果中,"鲜花速递同城"排在第一位。因此需要卖家去详细了解并分析买家的搜索关键词,提炼出搜索次数多,且有效的关键词,添加到标题中,让你的商品能够被买家搜索到。

图2.2.6　"鲜花"的搜索结果

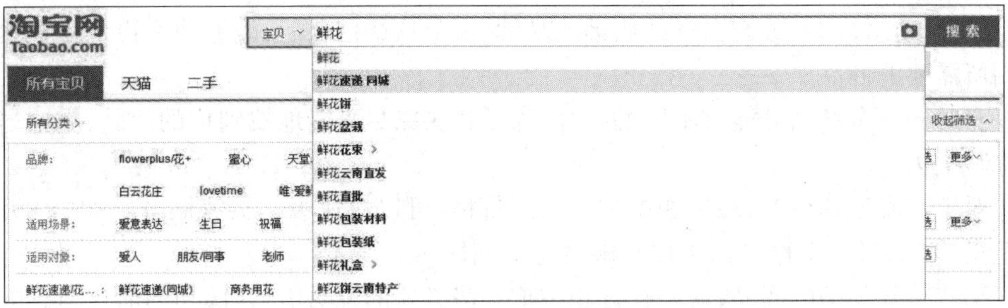

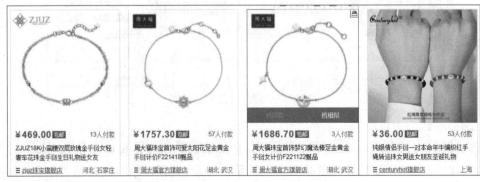

图2.2.7　"鲜花"搜索的相关关键词

②激发买家的点击欲望。当买家搜索信息后,呈现在他们面前的是一系列符合他们搜索需求的商品,这时,商品标题就起着激发他们的点击欲望,让宝贝被买家浏览的作用。一般来说,好的商品标题能够吸引买家点击,提高店铺的流量。如图2.2.8所示的几则标题是一些能够吸引买家点击的"手链"标题。

图2.2.8　吸引买家的商品标题

活动小结

小涛和小雅已经认识到,一个好的标题可以为搜索带来直接的流量,非常重要。在平时实践中,我们要不断地用关键词去优化标题,你也来尝试一下吧。

> **做一做** 一个好的标题需包含的基本属性有商品名称、商品所属店铺名称或品牌名称、同一商品的别称、商品价格和商品必要的说明。打开淘宝,找一找符合好商品标题的产品,完成表2.2.1。

表2.2.1 商品标题

序 号	举 例
1	
2	
3	

活动2 商品标题中的关键词

活动背景

商品标题给店铺带来了搜索流量,合理设置关键词能够增加页面的点击率,如何合理设置商品标题的搜索,怎样让自己的标题为商品带来流量,爆款商品标题一般是怎样的? 一起来认识一下吧!

活动实施

1. 商品标题的搜索

在电商网站中,商品是否能被用户搜索到,主要取决于标题关键字与用户搜索关键字的匹配程度和商品标题的规范性。

(1)选择标题关键词

合理设置标题关键词能够增加宝贝的点击率。建议在商品上架的初期,尽量避开竞争激烈的关键词,多使用长尾关键词和与商品属性吻合度高的关键词。如果你的店铺是卖野生蜂蜜的,就可以使用"纯天然""深山野生""农家自产""无公害无添加"来描述商品的属性。

另外,还要站在买家的角度来思考标题中会包含怎样的关键词,结合买家的心理和宝贝属性,拟订一个简洁又能突出商品卖点的标题,这样才能获得买家的喜欢,获得较大的搜索流量。比如下则标题就是从不同的用户角度考虑来拟订商品标题的。

第一则:MG美即缤纷水漾肌密秋冬补水保湿面膜贴组合20片护肤化妆品。

第二则:去封闭性闭合性粉刺疏通毛孔中药排毒面膜。

第一则标题是以用户对商品品牌、商品规格等属性为需求拟订的;第二则标题是以用户对商品的功效属性为需求来拟订的。

（2）确保商品类目准确

用户在网站中购物，主要是通过自主搜索和商品类目导航搜索来查找自己需要的商品。因此，商品类目属性也决定着用户搜索的结果。类目属性是在保证用户体验的基础上，网站开发人员为了帮助买家更好地通过搜索找到他们想要的商品而设计的，即商品标题与用户查询词语匹配的相关性计算原则，它与商品所在的详细类目信息息息相关。当用户输入某个词语进行搜索时，网站就会根据这个词语来判断用户想要的是什么样的商品，继而匹配到商品的某个类目信息中。

比如，用户输入"身体乳"，那么他可能是想找"美容护肤/美体/精油"栏目下的"乳液面霜""身体护理"类的商品，如果你的商品在其他类目下，用户搜索结果中将不会有你的商品。如果用户搜索的是"灯罩"，那么他可能是想找"家装主材/配件专区/灯具配件"类目下的某个商品，"家居/家居饰品"在默认排序中将被降权显示。

因此，商品的类目属性准确度越高，商品属性填写越完善，越能够被买家搜索到，从而更容易增加店铺流量和成交量。

（3）宝贝标题的规范性

设置吸引人的宝贝标题是增加宝贝页面点击率的关键。可参照以下规范设置宝贝标题。

①宝贝标题限定在 30 个汉字（60 个字符）以内，否则会影响发布。

②标题要尽量简单直接，突出卖点；要让买家即使看一眼，也能知道它是什么商品，知道商品的特点。比如：

- 2019 夏装新款韩版套头短袖宽松钉珠针织衫女
- 牛仔阔腿裤女宽松高腰直筒裤夏垂感显瘦泫雅风秋装 2019 新款
- 亲爱的热爱的佟年杨紫同款猫耳朵耳机头戴式耳麦女生可爱
- 2019 年新疆红枣特级若羌红枣阿克苏红枣灰枣农家果园自产无污染

或者如图 2.2.9 所示的大闸蟹详情页标题。

图 2.2.9　详情页标题

2. 爆款商品标题的常用模板

观察并分析一些销量较高的店铺，可以发现他们的宝贝标题有一定的规则，即品牌名（可以省略）＋名称＋叫卖＋属性。

①品牌名。对于一些新手卖家或者创业初期的网店卖家，最好不要将自己的自创品牌

名称放入标题,因为你的品牌几乎没有人知道,没有名气,消费者几乎不会对新品牌进行搜索。而品牌名字会占去宝贝标题的一定字数,减少了其他关键字在标题中的展示机会。

②名称。讲解商品属性时说过,标题中一定要包含宝贝的名称,否则即使有消费者看到你的标题,也不知道商家究竟在卖什么商品。

③叫卖。多用特价、促销、包邮、超值或新品上市等叫卖属性的词语来吸引消费者的眼球。这和我们在实体店铺买东西的道理一样,当你听到或看到低价促销等消息时,总会想去看看。

④属性。在网店中购买商品时,买家一般都是在搜索框中输入描述宝贝属性的词语来查找需要的商品,因此,对买家来说,他最关注的是商品的属性特征。对于一款女士服装来说,就可以在标题中添加风格、材质和款式细节等属性;数码产品则可以添加品牌名称、型号和规格等属性;食品则需要添加产地、规格等属性。

标题关键词的顺序并不是一成不变的,卖家可以自由组合这些词语,使标题能更加吸引买家。如图2.2.10所示为几则宝贝标题示例。

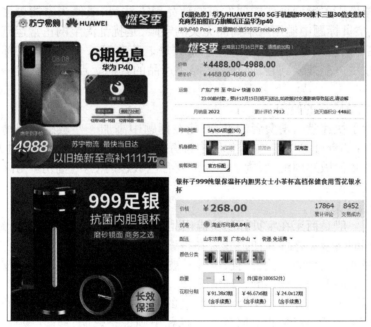

图 2.2.10　宝贝标题示例

活动小结

本次活动我们看到很多实际例子,小雅认识了爆款商品标题一般都包含哪些内容,你了解吗?

做一做　打开网页,找几款爆款标题,将它们列出来分析一下吧。

活动3　优化商品标题的关键词

活动背景

我们都认识到了商品标题的重要性,那么如何规避商品标题写作的常见问题,如何利用关键词来优化我们的商品标题,让商品标题成为商家的一把利刃,为企业带来更多的流量?

活动实施

1. 商品标题写作的常见问题

随着电商的发展,除了个人网店外,很多企业也纷纷加入了这个行列。电商的竞争越来越激烈,写好宝贝标题是增加店铺访问量的最主要因素,而很多卖家却并不清楚宝贝标题到底有哪些需要注意的问题,因此尽管花费了很多时间来经营店铺,访问量仍旧寥寥无几。

(1)堆砌关键词

在淘宝规则中关于"关键词堆砌"的定义为:在商品发布的宝贝属性填写中,所填写的品牌、材质、规格等信息中存在星级信誉乱用、夸大或过度承诺商品效果及程度、关键词堆砌等情形。在标题中堆砌关键词虽然能使发布的商品引人注目,或使买家能更多地搜索到所发布的商品,但在宝贝标题中滥用与本商品无关的字眼,是扰乱淘宝网正常运营秩序的行为。

比如:铁观音茶饼浓香型乌龙茶陈年老茶碳培老茶普洱茶包邮。这则标题就通过堆砌产品名称使买家尽可能搜索到它,但其实忽略了产品的其他卖点和属性,是一则典型的堆砌关键词的标题。

(2)违禁词、敏感词的使用

一些卖家为了快速吸引消费者注意,可能在标题中添加一些敏感词以博眼球。却不知道,电子商务平台都有过滤功能,如果标题中带有敏感词汇,会将整个标题过滤,不能被用户搜索到。如一些政治敏感词汇、假货敏感词汇或有色敏感词汇。"高仿""山寨""最低价"等词都是违禁或敏感词汇。

(3)滥用关键词

滥用关键词一般是商家在宝贝标题中滥用品牌名称或与本商品无关的关键字,"蹭"不属于自己关键词的流量。这样即使消费者在搜索页面中看到了你的商品,也会因为不符合自己的需求而降低对店铺的印象,并且,也容易被电商平台判定为作弊而降权。

以下属于常见的滥用关键词的5种情况。

①在宝贝标题中使用并非用于介绍本商品的词汇。如商品信息中,该商品功效主要是用于"紧致肌肤、去角质、保湿、提亮肤色",而标题中则说是燃脂、瘦脸、瘦身,这就是典型的滥用关键词的情况。

②在宝贝标题中使用淘宝网正在热推的关键词,但该关键词和内容商品无直接关联。

③在宝贝标题中使用其他商品制造或生产公司的品牌名称。如图2.2.11所示的商品并非"美的"品牌,却在标题中打上"美的"同款的字样。

④宝贝标题中出现与其他商品或品牌相比较的情况。

⑤在宝贝标题中恶意添加赠品、奖品的描述。建议卖家将相关促销内容添加到商品详情页中(特殊淘宝活动有另行规定的除外)。

(4)重复关键词

有些商家认为重复关键词可以让宝贝排名靠前,但这是对标题字数的浪费,完全没有必要。

图 2.2.11　使用并非自己的品牌名称

（5）使用重复的标题

对于同质商品较多的店铺，容易出现一种情况，将同一标题应用到类似的商品中，使宝贝标题变得高度相似或完全相同。这种"省力"的方法是万万不可取的，它不仅会降低买家对店铺的印象，还容易被电商平台判定为重复铺货作弊而降权。要想写出好的标题，应该针对每件商品的特点进行挖掘，可以有一定的关键词相同，但应尽量避免高度相似。

（6）频繁或大幅度修改标题

标题一旦确定，不要在短时间内频繁或大幅度地修改，因为这样有可能被电商平台判定为更换宝贝而被降权。

（7）长时间使用相同的标题

虽说不要频繁或大幅度地修改标题，但也不应该长时间地使用相同的标题。当遇到以下情况时，应该对标题进行修改。

①宝贝从发布到热卖期间，可以根据宝贝的成长时期来选择不同的关键词，主要分为新宝贝发布期、宝贝成长期和宝贝爆款期。

②许多宝贝有显著的季节性，可能需要随季节而调整标题。

③宝贝标题应配合节日、促销活动等进行适当的优化。

（8）滥用符号

宝贝标题的长度有限，很多卖家都会尽可能地全部占满，导致标题紧凑，断句不易，给用户带来较差的阅读体验。为了解决这种情况，有些卖家使用一些符号"-（短横线）""/（斜线）""·（点号）"等来隔开关键词，虽然会让标题阅读起来更加容易，但会被搜索引擎直接忽略掉。一般来说，在需要断句的地方加入空格即可。宝贝的内部编号或其他独有符号也不适宜放进标题，因为消费者一般不懂这些符号，还会浪费标题字符空间。

（9）促销信息

从用户体验和营销学的角度来说，不应该在标题开头就写上包邮、秒杀等促销信息，而应将其写在标题最后。如：包邮 925 韩版镀纯银民族风镂空玲珑球手链女转运珠时尚百搭首饰品，可将其修改为：925 韩版镀纯银民族风镂空玲珑球手链女转运珠时尚百搭首饰品包邮。

2. 宝贝标题的优化

在淘宝电商平台中，宝贝标题只有 30 个汉字，那么怎样才能充分地利用这有限的字数，使宝贝标题不但语句通顺，而且能够立马抓住买家的眼球呢？除了严格遵守淘宝规则外，本书还总结了一些关键词的排列技巧供读者参考。

第一关键词+第二关键词=第一关键词+特殊字符+第二关键词。即紧密排列规律，关键词搜索时特殊字符将被忽略，多个关键词按照顺序紧密相连，搜索结果不含拆分。

第一关键词+空格+第二关键词=第二关键词+空格+第一关键词。即顺序无关规律，用空格分割两个关键词，搜索的结果中含拆分（即搜索结果中既有多个关键词紧密相连又有多个关键词不紧密相连的情况）。如图 2.2.12 所示是以"面膜""美白""补水"和"219 新款"为例的搜索结果。

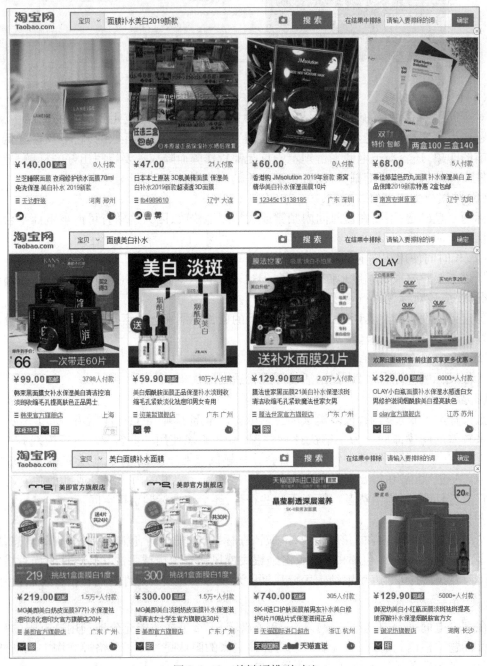

图 2.2.12　关键词排列对比

合理地利用关键词排列的特点,可以更加灵活地进行宝贝标题的优化。但不管句中是否含空格和特殊字符,有些词按紧密顺序排列,有些词按顺序排列,也有些词不按顺序排列。因此在进行关键词优化时,要多注意搜索结果的变化,从买家的搜索习惯入手进行分析,选择买家最常使用的一系列关键词,将其全部列出来,再根据商品的卖点进行语言组织与优化。表 2.2.2 为一款男士针织衫的买家常用关键词分析,根据这些关键词,我们可以按照紧密排列或最大化利用关键词的方式写出不同的标题,见表 2.2.3。

表 2.2.2　买家常用关键词

男毛衣针织衫	针织衫男秋冬	男士织衫 2011 新款	纯棉针织衫
男针织衫	针织衫男潮	男装织衫　V 领	纯棉针织衫　男
男针织衫 2011 款	针织衫男长袖	男装针织衫	V 领　针织衫　男
男针织衫 2011 新款	针织衫　男　韩版潮	男装针织衫 2011 新	V 领针织衫　男
男针织衫 V 领	针织衫　秋冬	男装针织衫长袖	V 领针织衫　男
男针织衫套头	针织衫　男　长袖	男　针织衫	休闲针织衫
男休闲针织衫	针织衫　男　潮	男打底针织衫	灰色针织衫　男
男式针织衫	针织衫　V 领	男 V 领针织衫	秋冬　针织衫

表 2.2.3　宝贝标题优化示例

尽量按紧密排列	男毛衣针织衫新款男领针织衫长袖套头秋冬针织衫男装韩版
尽量按最大化利用关键词	男装休闲毛衣针织衫套头长袖纯棉打底男式秋冬韩版潮

活动小结

小雅和小涛已经学会了如何规避商品标题写作的常见问题,掌握了如何利用关键词来优化商品标题,你学会了吗?

做一做

打开淘宝网页,找几款商品,看看它们的标题写作有哪些问题,你利用关键词帮它们来优化一下吧。

任务 3　让关键词助力商品卖点

情境设计

在网络中进行搜索,最主要的方法就是通过"关键词"进行搜索。小涛和小雅在张主管的指导下学习了关键词的基本概念、抓取原理及注意事项,也掌握了如何在商品标题中注入关键词。接下来,张主管让他们在进行文案创作时,尝试在软文中加入关键词以增加网站的曝光率。

对于网站来说,关键词是表达主题内容的重要"桥梁",正确合理地给每一篇文案添加关键词能提高网站的曝光率、点击率和转载率,能为营销企业带来实际的利益。在创作文案的过程中,张主管发现小涛和小雅在选择关键词及布局关键词方面还缺乏一定的实用技巧,也不会将关键词与卖点融合在一起,让关键词助力商品卖点,这大大影响了文案的宣传效果。为了避免这种情况的出现,小涛和小雅要学习怎样正确地给文案添加并设置好关键词,以及学会结合卖点,灵活运用不同方式,将关键词植入文案,提高对关键词的运用能力。

任务分解

本次的任务是进一步了解关键词的运用,学会分辨选择正确的关键词,把关键词与卖点相融合,更好地实现关键词的价值,提高文案的宣传力度。

本任务可以分解为3个活动:了解关键词的好与坏;掌握突出卖点的方法;学会让关键词助力商品卖点。

活动1 关键词的好与坏

活动背景

一个网站想要获得好的排名,关键词的制订是一个非常关键的环节,在搜索引擎中,关键词选择的好坏,合理与否,直接关系到网站的排名。那么我们应该如何区分好的关键词和坏的关键词呢? 好的关键词往往会给网站带来巨大的浏览量和转化率。好的关键词就是能够帮助商家快速定位意向客户,能够有效提高点击率和转化率的关键词;坏的关键词则相反。在文案创作的过程中,好的关键词、正确的关键词才是商家推广的灵魂。

活动实施

1. 关键词竞争性分析

当我们利用搜索引擎查找自己想要的信息时,都会输入自认为最有可能帮助我们找到有价值的信息的搜索词,这种用户的搜索词如果被添加到推广账户中,就被称为关键词。大家都知道,关键词有流量才会有价值,流量大的关键词往往也是相对较热的词,竞争力度大,获得较好排名的难度也较大;而冷门的关键词竞争力度小,比较容易获得好的排名,但其搜索频率却值得商榷。因此,合理选取关键词的竞争力度是关键,在很大程度上,竞争力度左右了关键词的最终选择。

关键词的竞争性是指关键词的竞争人数与竞争难度。我们通过这两个指标就能看出关键词的竞争度了,越多的人选择和使用这个关键词,那它的竞争度就越大,反之亦然。

一般而言,关键词的竞争度可以从以下几个方面进行分析,如图2.3.1所示。

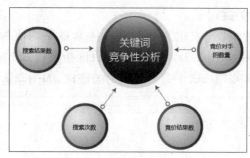

图 2.3.1　关键词竞争性分析

（1）搜索结果数

在搜索引擎输入查找的关键词,搜索结果右上角就会显示这个关键词返回的相关页面数,这个结果是搜索引擎经过计算认为与搜索词相关的所有页面,也就是参与这个关键词竞争的所有页面。通常意义上讲:结果数越大,竞争力度越大;结果数越小,竞争力度就相对较小。

例如,在百度搜索引擎框中输入"手机"一词,返回的搜索结果为 100 000 000 个,那么它就属于高竞争度词,如图 2.3.2 所示。

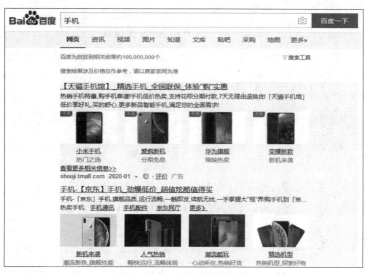

图 2.3.2　关键词"手机"

一般情况下,搜索引擎返回结果数量和关键词竞争度对照如下。

①搜索结果少于 50 万:属于竞争较小的。

②搜索结果为 50 万~100 万:属于中等偏小的。

③搜索结果为 100 万~300 万:属于中等的。

④搜索结果为 300 万~500 万:属于中等偏上的。

⑤搜索结果为 500 万以上:属于高竞争度词。

（2）搜索次数

搜索次数主要是指企业通过谷歌关键词工具或百度指数等工具观察用户对关键词的搜索频率,日搜索量越大,数值越高,就表示该词的商业度越高,竞争力越大。一般来说,关键词日流量低于 100 的则属于冷门型的关键词;100~3 000 的属于中等竞争型关键词;3 000

以上的就属于竞争激烈的关键词了。

　　例如,通过百度指数搜索"连衣裙"一词,其日搜索量平均值为 1 059,基本在 1 000 左右,属于中等竞争型关键词,如图 2.3.3 所示;通过百度指数搜索"电子商务"一词,其日搜索量平均值为 3 412,在 3 000 以上,属于竞争激烈的关键词,如图 2.3.4 所示。

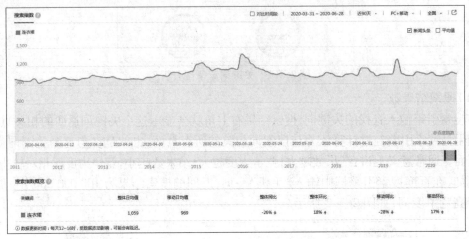

图 2.3.3　"连衣裙"的百度指数

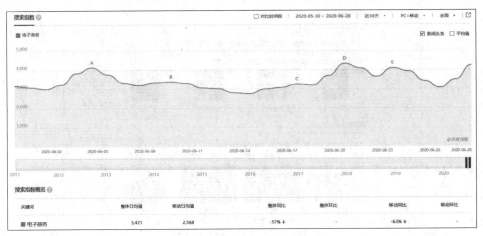

图 2.3.4　"电子商务"的百度指数

（3）竞价结果数

　　企业参考竞价推广数量,可以从某个关键词显示的搜索结果中查看竞价排名的数量,判断该关键词的竞争力度。在搜索引擎里搜索该关键词,然后查看首页有多少竞价排名,参与竞价排名的网站越多,竞争性也就越高。如果百度首页显示的"推广"或"广告"超过 10 个,那么这个词的商业价值就很高,推广难度也就加大。如果推广数量不超过 3 个,那么竞争力度就较小。当然,竞价结果数通常只有白天统计才准确,不少企业都只是白天才做竞价排名。

　　例如,在百度搜索栏中输入"雨伞"一词,出现的竞价推广数量为 4 个,那么这个词就属于中等竞争度关键词,如图 2.3.5 所示;而输入"拖鞋"一词,出现的竞价推广数量仅为 1 个,那么这个词的竞争力度就低,如图 2.3.6 所示。

图 2.3.5　"雨伞"的竞价推广数量

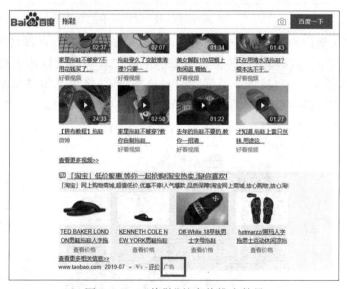

图 2.3.6　"拖鞋"的竞价推广数量

（4）竞争对手的数量

在自然搜索结果当中，根据关键词搜索出来的网站进行具体的分析，只要分析前 20 名的自然排名即可。例如，搜索"广东中职学校"，如图 2.3.7 所示。分析竞争对手的内部架构、外链的数量与质量、文章的原创度、网站结构、页面关键词优化等，这些都要一一分析出来，对手好的方面我们要学习，不好的方面我们要改进。进行对手网站的总体分析，也要对网站的用户进行严密的分析，这样才能知道关键词的竞争力度。不过这部分很难量化，而且本身包含了众多因素。

图 2.3.7　"广东中职学校"竞争对手的数量

　　除此之外,对关键词的竞争力度的分析还可以从竞价价格与内页排名的多少进行把控,如图 2.3.8 所示。企业可以通过一些搜索引擎的流量工具明确关键词大致的竞价费用,通常一个关键词的价格越高,参与竞争的网站自然也会越多,竞争性也就越高。搜索结果中,有多少是首页,有多少是内页,这也是衡量竞争性的重要参考。一般来说,首页多,竞争性也越高,但是也有些高权重网站,它们的内页排名也相当不错。

图 2.3.8　百度竞价价格

　　总之,搜索只是工具,关键词的选择决定网站的成功与否。判断一个关键词的好与坏,关键词的竞争度分析是不可缺少的。竞争力度越大,越难获得排名;竞争力度越小,越可能获得排名。总的来说,高流量、低竞争力度的关键词是网站的最佳选择。

　　2. 关键词符合用户搜索习惯

　　用户搜索习惯是指用户在搜索时寻找相关内容时所用的关键词形式。不同的用户就会有不同的搜索习惯,一般来说,用户使用不同的关键词进行搜索时得到的结果也会千差万别。

而对于相同内容来说,如果页面中的关键词表达的形式与用户的搜索习惯存在差异,搜索的相关性也会受到影响,甚至有的关键词可能不会被搜索引擎检索到而导致不能被用户所浏览。

好的关键词需要考虑用户的搜索习惯。关键词设置的主要目的就是获得流量,被用户搜索,提高转化率,因此,要充分了解用户的搜索习惯,对症下药,才能找出好的关键词,才能取得成效。如图2.3.9所示为用户常用的搜索引擎。

图2.3.9　用户常用的搜索引擎

3. 关键词关联电商网页内容

产品页面或类别页面与搜索关键字的相关性如何?这是一个经常被忽视的影响排名的因素。大家在选关键词时,往往关注的是选择搜索人气高的,还是选择在线商品数少的这些指标,但是实际上,这些指标都要服从于一个核心指标,如果这个核心指标不合格,那么其他数据表现得再好也是没用的,这个核心指标就是:相关性。在电商页面中,关键词的设置也必须符合网页的相关内容。

一般与电商网站相关的关键词可以分为以下几类。

（1）嵌入品牌关键词

嵌入品牌关键词如华为手机、苹果手机、小米手机、海尔冰箱、格力空调、联想电脑等。这类关键词的特点是品牌的知名度比较高,用户直接搜索品牌名就会出现相关商品,如图2.3.10、图2.3.11所示。

（2）产品型号关键词

产品型号关键词如华为P30手机、格力KFR-50GW/AaD3空调、美的MB-HS4073电饭煲等。这类关键词的特点:一是带型号搜索,或者对型号非常清楚,精准搜索,购买意向强烈;二是在网上看到这个产品,直接复制粘贴到搜索框中进行搜索。

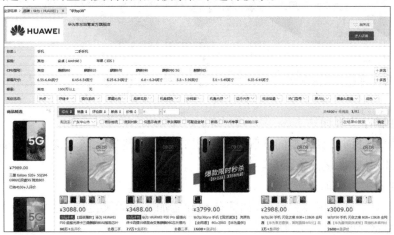

图2.3.10　"华为P30"关键词　京东页面

图 2.3.11   "华为 P30"关键词   淘宝页面

(3)产品品质描述关键词

产品品质描述关键词,如图 2.3.12 所示,如正品行货、最新上市、全国联保、货到付款、价格最低等类型。这类关键词能增加用户对产品的信任,提高店铺的点击率。

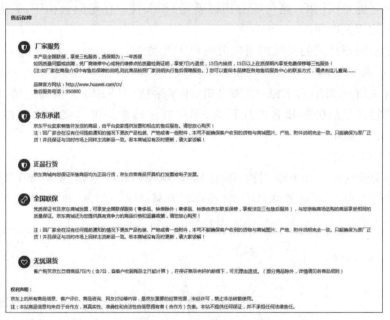

图 2.3.12   产品品质描述

(4)产品属性关键词

产品属性关键词如服装类的韩版、欧美、民族风等这些属性词。这类关键词能让用户快速定位自己,提升个性化搜索流量。

(5)设置相关关键词

根据竞争对手设置相关关键词,如凉茶领导者加多宝等关键词,适当的夸张会给用户带来心理的震撼感,如图 2.3.13 所示。

图 2.3.13　"凉茶领导者
加多宝"的关键词

（6）优惠信息关键词

优惠信息关键词,如图 2.3.14 所示。如某电商产品正在搞优惠活动,那么相关关键词可以是限时抢购、折扣券、礼品卡、分期付款、免邮费等。

图 2.3.14　优惠信息关键词

一个好的关键词必须与产品内容相关,与宝贝属性的卖点相关,能够充分表达出产品的特性,传递出希望传达的促销信息等。不相关的关键词,多好都不要,一定要注意这个关键点。

4.关键词契合时事热点话题

关键词设置需要获得较大流量,使它契合时事热点就是一个很好的途径。时事热点本身就具有较高的关注度,如果网站能够把握时事热点,有敏锐的洞察力,看见与网站相符合的主题就赶紧抓住机会,围绕网站内容进行及时更新,那么网站的热点流量往往会源源不断地到来,如图 2.3.15 和图 2.3.16 所示。

湖南卫视《乘风破浪的姐姐》节目大火,很多网店都紧跟热点,把商品也带火了一把。

好的关键词能够将产品完美地融合在热点事件或热点话题之中,一个好的关键词可以表达网站自己的观点,还可以让网民对网站进行持续的关注,网民不但能够从中了解热点事件和话题,还能了解产品的特点,可以让网站很大程度地增加自身的曝光率,能够很轻松地提高产品的宣传力度。

每个产品都有属于自己的关键词,只有把自己的产品了解透彻,从品牌到属性再到功效等,才能寻找更适合、更匹配自己产品的关键词。

 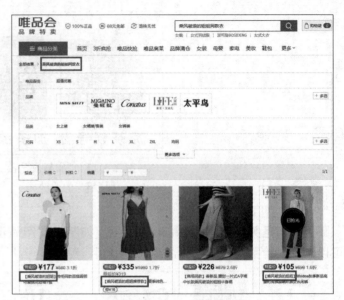

图 2.3.15   热点话题：乘风破浪的姐姐   图 2.3.16   唯品会紧跟热点

活动小结

通过学习，小涛和小雅巩固了对关键词知识的认识，还大大提高了分析关键词以及选择关键词的能力。两人不由得纷纷感慨：原来正确地给文案添加并设置好关键词并不是一件容易的事啊！同时，他们更坚定了学好文案创作的信心。

> **做一做**   在文案创作中，如何判断并选择正确的关键词？

活动2   突出卖点的方法

活动背景

电商文案创作的终极目标就是销售商品。一篇文案写得再好，如果没有结合自身产品的卖点，那么它就不算一篇成功的文案。文案中有卖点，才会有推广，有了推广才能达到创作文案的目的，才能更好地把商品销售出去。所以对于电商文案创作来说，提炼出商品的卖点并在文案中进行展示显得极为重要。在文案创作的过程中，要达到最大化效果，需要做到将产品自身卖点与文章重点相结合，而不能顾此失彼。要让卖点的出现显得自然、不突兀，实质上就是将广告的内容隐形化。文案创作者可以将卖点融入故事情节或是实事当中，使读者在不知不觉中接受它，并受到感染。只有这样才能使文案在增加了卖点的情况下，还能保持原来文章的色彩，甚至还提升了阅读的质量，这样的文案必然是一篇成功的文案。

活动实施

1. 解析商品卖点

对于文案来说,是否找到恰当的商品卖点,是能否使商品畅销、建立品牌的重要因素。但是在实际的市场环境中,很多产品、服务都同质化,性能大同小异,很难在软文撰写、商品营销中进行区别。因此,在创作文案的过程中,需要练就一双慧眼,将产品运作流程逐一梳理、分析、对比、细化,找到与众不同的卖点,最后从全局上把握产品的特点,深层次地挖掘产品的卖点,从而围绕产品的卖点进行文案创作和营销。

(1)商品卖点的概念

商品卖点就是指商品具有的前所未有、别出心裁或与众不同的特点。卖点既可以是商品与生俱来的特点,也可以是通过创意与想象力创造出来的卖点。不论它从何而来,只要能使之落实于广告的战略战术中,与消费者的需求相结合,化为消费者能够接受、认同的利益和效用,就能打造出最佳的消费理由,快速引起消费者强烈的购物欲望。

(2)商品的核心卖点

所谓"核心卖点"是消费者最关心的产品特点。核心卖点就是能够体现这个商品核心竞争力的一个点,这个卖点可以瞬间让客户记住该商品,从而使该商品区别于这个商品的其他竞品,并且跟同行相比,它的竞争力非常明显。因此,竞争力和区分度就是核心卖点的两个要素,而核心卖点也是商品成为爆款的核心。

例如,立白洗衣液的销售文案为"洁白不伤手"。对于洗衣液类产品来说,无添加荧光增白剂、衣服洗后比较柔顺、洗得很干净等,都是卖点,但都不是核心卖点。而立白洗衣液就另辟蹊径,其销售文案就从不会伤害用户的双手出发,"洁白不伤手"就是立白洗衣液的核心卖点,如图2.3.17所示。

图 2.3.17　立白洗衣液

(3)核心卖点的表现形式

核心卖点的表现形式有超级卖点、独家卖点及新卖点。

①超级卖点,是核心卖点的一个重要表现形式,也是核心卖点的主要特征之一。超级卖点是指比其同行具有超越性的竞争力的卖点。即比同行的卖点层次更高,从商品竞争到品牌竞争,乃至理念竞争,都超越了同行卖点一个层次和等级的卖点,才叫超级卖点。

例如，Jeep 汽车文案"用你的经历定义自己"，如图 2.3.18 所示。这则文案并未从汽车的功能、配置等卖点来描述，而是描述了一个理念，即拥有了这款车，你就能够定义自己，满足了消费者追求自我的需求，这样的卖点才是核心卖点。

图 2.3.18   Jeep 汽车文案

②独家卖点，是某个商品本身所拥有的，而其他同类商品无法具有的唯一卖点。独家卖点是客户对某个商品的唯一识别点，即在客户心中的这个卖点就代表这个品牌。一般来说，核心卖点往往会被打造成独家卖点，如果某商品拥有独家卖点，那么它的竞争力就是独一无二的。

例如，金龙鱼利用核心技术制造出来的 1∶1∶1 调和油，经过粮油协会的认证，是适合人体吸收的合理的黄金比例。这个卖点是经过专家和两个协会共同探讨而制订出的合理标准比例，是最健康的一种比例，形成了自身独家卖点，是竞争对手无法复制和模仿的，如图 2.3.19 所示。

图 2.3.19   金龙鱼调和油

③新卖点，所谓的新卖点就是与同类商品的卖点相比要有所不同。新卖点在提法上是新颖的，是消费者第一次听说或极少见过的；新卖点在认知上是新颖的，可以填补消费者认知上的空白；新卖点在表达方式上是新颖的，同一个卖点可以换一种方式来表达。

例如，农夫山泉的营销文案"农夫山泉有点甜""我们只是大自然的搬运工"。这些文案的卖点在提法上、在表达方式上都是新颖的，都是消费者没有听说过的。文案简洁地描述了商品的特点，能让人在第一时间知晓商品的优势，商品为山泉，味道甜甜的，是自然的产物，能提升消费者对产品的信任感，增加购买欲望，如图 2.3.20 所示。

图 2.3.20　农夫山泉文案

2. 提炼核心卖点的原则

在文案创作中,提炼商品的核心卖点是商品营销的起点,文案的创作要从商品的特征和细节中提炼出独特卖点,向消费者传播一种主张、一个忠告、一种承诺。一个好的商品卖点,能够引起消费者的强烈共鸣,并激发他们对商品的好感,从而使其产生购买行为,帮助电商企业提升销售业绩。商品核心卖点的传播通常是以文案的形式出现的,有一句话就能留下深刻的印象。所以,在进行文案创作时,提炼商品的核心卖点,需要遵循以下原则。

(1)真实的功能和功效

在进行文案创作时,商品要确实具有卖点所宣传和承诺的功效或特征,确实能够满足消费者的某种需求。商品的品质是企业的生命所在,其核心卖点必须依托实际的功效,这点必须真实可靠,不能欺骗消费者,这就是文案卖点创作的首要原则。只有功效真实的商品,才能获得市场的认可。在文案创作过程中提炼商品卖点时,确定商品的功效诉求必须首先考虑消费者和市场的需求,而不是只按照商品的功效排序。

例如,某种护肤品的功能排序是补水、防晒、美白,而市场需求排序是美白、防晒、补水,在创作该护肤品的核心卖点时,就应该以市场需求为主,以美白、防晒作为文案创作的重点,如图 2.3.21 所示。

图 2.3.21　护肤品

(2)一定规模的人群数量

文案的卖点要针对一定的人群,这个人群的数量要达到一定的规模,否则该商品就无法达到一定的销售数量,就会影响企业的利润。只有面向足够数量的人群,也就是有足够的需求者,商品才有开发推广的价值。提炼商品的核心卖点时,必须使这一卖点面向足够数量的人,而不只是少数人。

例如,有一种药品既能解决太空飞行员头晕的问题,又能快速治疗感冒,那么该药品的核心卖点是针对哪种诉求呢? 企业毫无疑问会选择后者,因为企业不可能指望仅依靠全世界有限的宇航员购买产品而给自身带来丰厚的利润。

(3)独有的卖点

独有的卖点用以描述某一产品或服务所独有的特点,可区别于其他产品或服务,因而,客户愿意买它而不愿买同类竞争产品或服务。

例如:宝洁公司的飘柔定位在发质又飘又柔的感觉;潘婷定位在养护头发;海飞丝则定

图 2.3.22　夏士莲黑芝麻洗发水

位在去除头屑烦恼。在定位如此细分的情况下,进军洗发水市场若没有独特的卖点是不可想象的。而联合利华公司则根据东方人的文化心理特征,推出了夏士莲黑芝麻洗发水,突出"持久黑亮"的卖点,获得了极大的成功,如图 2.3.22 所示。

需要进一步说明的是,"独有的卖点"并不局限于产品本身,而是指你要传递给消费者的独特的、具有说服力的说法,这一说法也许同行企业或同类产品都具备,但关键是看谁能先说出来,讲清楚,并让消费者认为这一特色与优势是你独有的。

例如,厨邦酱油的品质和生产过程与竞品本质上并没有什么区别,但其文案创作出了一句"厨邦酱油美味鲜,晒足180 天"的广告语,以此来告诉消费者厨邦酱油是最鲜的。而事实上,很多品牌的酱油都是要经过半年甚至更长时间的暴晒才能灌装上市,只是他们没有说出来而已。厨邦酱油第一个说出来,成为其"独有"的卖点,如图 2.3.23 所示。

图 2.3.23　厨邦酱油文案

图 2.3.24　碧桂园文案

(4)简单易记的名称

在创作文案的过程中,提炼商品核心卖点时应该尽量避免使用拗口的学术用语,要用消费者听得清楚、容易理解和记忆的短语来进行描述,任何烦琐、模糊的词语只会让企业花费大量的资金和时间去做无谓的解释;同时,语言要生动、亲切、富于联想,能够用一句话,言简意赅地将信息直接展示给目标消费者,使其留下深刻的印象,进而产生购买意向,这就是文案的魅力。

例如,碧桂园的文案"碧桂园给您一个五星级的家""好房子一套就够了",如图 2.3.24 所示。

3. 突出卖点的方法

软文营销是否成功,与卖点的提炼有很大关系。卖点的选择,既可以来自产品本身,也可以来自传播过程。因此,软文突出的产品卖点不仅是满足消费者的需求,更应该引导消费者的需求,常见的突出卖点的方法有以下 5 种。

(1)卖"情感",以情动人

所谓情感营销,就是把消费者个人情感差异和需求作为企业品牌营销战略的核心,借助情感包装、情感促销、情感广告、情感口碑、情感设计等策略来实现企业的经营目标。"情感"能够把商品人格化,赋予商品人情味。消费者不是在消费一件商品,而是与一个高尚的精神、品格、价值观进行"交流",当品牌给自己打上情感标签时,一定要设法让消费者有惊喜的体验,要让消费者觉得它确实是一个有情感的品牌。

如图 2.3.25 所示,德芙巧克力在软文中突出"替你表达真挚的爱"这一主旨,卖点主打情感诉求,悄无声息地打开了消费者的心扉。

图 2.3.25　德芙巧克力软文

(2)卖"特色",创造独特销售点

每一篇软文都应该为消费者提出一个销售主张,即产品的效用。而且这种产品效用最好是唯一的,是之前的竞争对手尚未提出或者不具备的。以功能性诉求作为软文特色的营销,主要突出的不是消费者的行为特性,也不是产品的核心精神文化内涵,而是直截了当、一针见血地传达出产品的效用。

如洗发水类软文,不同品牌的卖点也不同,飘柔主打"一梳柔顺到底",而海飞丝则主打"长效去屑,深层去油,舒缓止痒",如图 2.3.26 所示。

图 2.3.26　海飞丝卖点

（3）卖"形象"，包括企业、领导者、品牌形象

形象化的销售主张能够在消费者心目中留下美好的印象。这就是那么多品牌会塑造一名形象代言人的原因。

例如，雕牌洗洁精在软文中宣传"盘子会唱歌"；香奈儿塑造出创始人可可·香奈儿女士"流行稍纵即逝，而风格永存"的形象；梅赛德斯-奔驰塑造出"汽车发明者"的形象，如图2.3.27所示。

图2.3.27   梅赛德斯-奔驰

（4）卖"品质"，宣传专业化水准

产品品质的完整概念是顾客的满意度，在软文中，文案创作者可以引入专家作证、实验证明、品牌创建历史、售后服务等，展现产品和品牌的专业化与权威性。软文并不直接宣传产品品质本身，而是请那些象征着品质的专家、学者等人物现身说法，引用权威性的言论、发表的软文和实验数据等，借力权威品牌、权威机构认证、权威单位试用，来俘获消费者的心。

例如，美团外卖的宣传文案，文案直接指出美团外卖的合作商家有50万家，超过1 000家知名连锁品牌入驻，这些就是权威的数据；另外，文案还标注了"大众点评"的Logo，说明"大众点评"这一"权威"的评价平台和美团外卖进行了合作，如图2.3.28所示。两者加起来，更容易获得消费者的信任。

图2.3.28   美团外卖

（5）卖"概念"，推行差异化战略

概念是所有卖点中最稀缺、最独特的一种。它是指给消费者表达一种抽象的、少见的、能启发思维的新卖点。概念性的卖点往往能直接带来经济效益，就很容易对消费者产生吸引力，一个好的概念具备了独家性、超越性、唯一性和不可复制性的特点，这就实现了绝对的差异化竞争。

例如:预调鸡尾酒品牌锐澳,在软文中主打"饮酒的欢乐与健康的理念并不矛盾"的概念;美菱冰箱推出的"保鲜"概念;补钙口服液打出"吸收是关键"的独特理念,如图 2.3.29 所示;在服装市场,优衣库推出的"技术原料"概念,以 HEATTECH 系列产品为例,从最开始的御寒保暖,到后来的防静电,又添加山茶花油保湿等,科技概念成为其市场的新卖点。

图 2.3.29　补钙口服液广告

(6)卖"名人",利用名人效应

许多品牌在推出一个产品的同时,都会邀请一位名人进行代言。这是因为名人(包括行业名人、影星、歌星和球星等)都拥有很大数量的崇拜者或 Fans,所以把名人作为产品的"钩子"能成功地钩住一大帮消费者。例如,在文案创作时善于借助某某明星同款或推荐的话术,用权威使文案强行自带说服力,也会起到消费者效仿跟风的带货效应。

名人效应还有一种方式,就是文案直接拿名人说事。比如广告人座右铭:"不做总统就做广告人",以及派克笔 8848 钛金手机的"喂,我是王石",通过总统和王石的对话制造了令人向往的高格定位。而 CEO 如果拥有人气和影响力的时候,也会由 CEO 出任品牌的形象代言人。比如,聚美优品的陈欧体:"我是陈欧,我为自己代言。"

卖点是消费者关注的核心点,在产品的营销与策划过程中,文案创作者应该从消费者的角度出发,提炼产品卖点,并在软文中突出产品卖点,使营销产品更加精彩,更容易被顾客接受和购买。

活动小结

通过学习,小涛和小雅深刻理解了商品卖点的概念及提炼核心卖点的原则,还掌握了提炼卖点的角度,学会了挖掘产品卖点和突出产品卖点的方法,这让他们更加把握到文案创作的关键点,加深了对文案创作的认知,更激发了他们进行文案创作的兴趣。

做一做　在文案创作中,提炼商品的核心卖点需要遵循的原则有哪些?

活动 3　关键词助力卖点时的注意事项

活动背景

关键词是一条捷径,它一方面连接着新媒体公司、产品推广企业等,另一方面又连接着广大的消费者,它为文案的创作和营销指引着方向。文案的开始,取决于关键词的提及;文案的写作与宣传,取决于关键词的选择;文案的搜索,取决于关键词的安排;文案的结束,取决于关键词的终止。因此,得关键词者得天下。而事实上,绝大多数的关键词都是产品的卖点,因而企业的首要任务是快速又准确地选择产品的卖点并提炼为关键词,同时利用关键词助力商品卖点,在文案中合理地布局关键词,突出产品的独特性,只有这样才能打动消费者的心,达到事半功倍的效果。

活动实施

1.关键词助力商品卖点的方法

撰写文案前,需要了解该商品的特点和优势,分析目标人群的特点,在电商网站中分析同类商品,通过主要的电商网站可以搜索主关键词,找出同类商品,然后筛选款式价格差不多的商品,按销量和人气排名找出多个商品,再从这些筛选出的商品中通过主图、描述、评价、问答4个方面找出该类商品的现有卖点,最后筛选出符合商品的差异化、人群需求与心理、商品优势与店铺定位的卖点。

(1)提及品牌关键词

品牌关键词是指公司品牌或特有产品的关键词,比如公司名称、公司名加产品名等,类似于京东、淘宝、星巴克、蒙牛特仑苏、伊利金典等,如图2.3.30所示。因为瞄准品牌关键词搜索的消费者是非常精准的,消费者就是冲着公司的品牌来的,意图非常明确,所以其效果往往是立竿见影的。商家只有高频地提及其品牌关键词,才有利于产品本身的推广,以及公司进一步的宣传。

图2.3.30　品牌关键词

对处在文案推广前期,品牌宣传未扩大的企业来说,多利用品牌关键词,就能够提高其知名度;而对处在文案推广的后期,品牌已经宣传推广出去的企业来说,多利用品牌关键词,也便于产品的需求者在海量信息中心搜索到该品牌,便于该品牌新产品的推广。

（2）拓展产品关键词

产品关键词是指那些不包含品牌名的,但涵盖修饰限定的产品相关词,包括产品名称、型号等,如"拍照手机""电动轿车""电话手表"等。相对于品牌关键词,搜索这些产品关键词的用户已有比较明确的产品需求,但是却没有针对的品牌要求,所以是值得文案营销者争取的潜在客户。

在出现品牌关键词之后,围绕产品关键词拓展产品关键词库就变成一项非常重要并有机会节省推广成本的工作,尽可能全面、细致地分组拓展产品关键词,是文案推广的关键,如图2.3.31所示。

图2.3.31　"电话手表"拓展产品关键词

（3）巧妙运用通用关键词

通用关键词是指不包含品牌,被网友们大量使用的搜索词,如水果、电器等。虽然通用关键词的搜索量很大,但相对应的竞争也很激烈,基本上被知名电商平台垄断,所以其投入的转化率并不是很好。

值得注意的是,有些特殊的通用关键词如果被巧妙地加以运用,也可能达到化腐朽为神奇的绝妙效果。如"免费""独家""保证"等通用关键词,只要合理利用它们,就能达到有效的营销效果,如图2.3.32所示。

图2.3.32　"免费"通用关键词

（4）构造长尾关键词

长尾关键词通常指与目标关键词相关的任何有搜索量、有人关注的关键词。长尾关键词具有可延伸、针对性强、范围广的优势，所以有效地利用长尾关键词，可以将其带来的受众合理转化为企业产品的潜在消费者，其产生的营销效果特别明显。

构建长尾关键词并不是随便加长词语，而是根据需要将短词语扩展成长词语。例如，关键词是产品，那么可以加长为"地域+产品+服务""公司+产品+效果""如何+产品效果"等。

另外，利用百度下拉框、百度指数、百度关键词优化工具等相关搜索引擎工具和客服软件工具进行优化，以及从竞争对手那里挖掘关键词的方式，也可以帮助企业有效地构建长尾关键词，优化关键词结果，如图 2.3.33 所示。

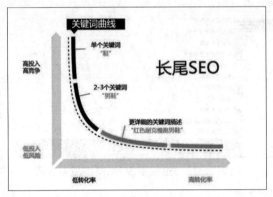

图 2.3.33　"鞋"的关键词曲线

2. 关键词助力卖点的精准位置

对于文案而言，关键词是我们在创作、营销过程中不可忽视的一个重要前提。简简单单的一个关键词蕴含着巨大的能量，想要用好关键词，就需要对关键词做好充分的了解，才能在运用关键词的过程中胸有成竹，合理得当。而一个好的关键词只有放到最为精准的位置才能更好地发挥其价值，才能助力产品卖点，达到最佳的文案创作效果。

（1）植入文案标题中

对于电商文案来说，标题是搜索的关键，如果标题设置不当，消费者就不易找到该商品。文案说到底还是给搜索到的用户看的，因此在文案标题设计时重点在于融入关键词，无论是对用户还是对搜索引擎，只有融入关键词，搜索引擎才能更好地判断其文章的主题与相关性，用户才可以通过精确的查找，搜索出需要的内容。拥有好的关键词的标题，除了能帮助受众清楚了解产品内容，提高购买意愿外，还影响文案是否容易出现在受众的搜索结果中，因此，让自己的文案标题拥有好的关键词，就能让产品信息自动跳到受众眼前，也就能增加受众的点击率，大大提高产品的宣传曝光度。

图 2.3.34　小米便携鼠标

例如，小米鼠标的一篇文案《诠释了一种便捷，小米鼠标的那些事》，直接在标题中点明了三大关键词：品牌关键词"小米"；产品关键词"鼠标"；产品关键词"便捷"，也是产品的卖点。利用这三大关键词突出了产品的卖点,在用户搜索时,这篇软文就能出现在前面的位置,如图 2.3.34 所示。

(2)植入文案开篇第一段

在网络的系统安排中,文案的标题和第一段,甚至是第一段的第一句话,是搜索引擎在抓取信息时最先要抓取的部分,因此,在文案开篇第一段中就嵌入关键词,对于该篇文案被搜索引擎快速抓取有着很大的作用。对于电商文案来说,在开头添加关键词也是最常用的文案开头写作技巧。

例如,阿芙·玫瑰芝士面膜的文案——可以"吃"的面膜。这是一款新品面膜,主要特点是可以"吃",其本质是面膜成分天然,适合人体皮肤的吸收,关键词当然是"吃",其核心卖点也是"吃",文案的第一句话就表明了面膜的该种特性。通过这个关键词,阐述卖点,消费者很容易被其吸引并产生继续观看文案的冲动,如图 2.3.35 所示。

图 2.3.35　阿芙·玫瑰芝士面膜

(3)植入正文之中

在正文中植入关键词有一定的学问,在正文中嵌入关键词的数量不宜过多,并且需要积极拓展,可以根据关键词的分类,自然地嵌入。如果正文嵌入影响阅读,可以把关键词尽量集中在头尾两个部分。文案关键词的嵌入一定要讲求自然,行文简洁,太过冗长的话语只会适得其反。

例如,以文案《诠释了一种便捷,小米鼠标的那些事》为例,正文的关键词"小米""鼠标""便捷"密集分布在开头第一段,最后一段也稍有涉及,其他拓展性关键词则在主要关键词的带领下,引领全文的篇章结构,如图 2.3.36 所示。

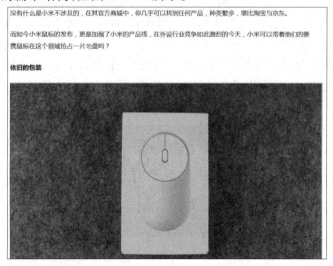

图 2.3.36　小米便携鼠标文案开头第一段

此外,在文案排版的时候,如果发布网站的编辑允许,标题或者文案中的关键词可以加黑或加下画线或更换字体、字号等,这样也有利于搜索引擎的抓取。

总的来说,在创作前找到关键词的合适位置,确定全文的整体构架和逻辑体系才能把握整篇文案的前进方向,才能结合卖点的提炼,助力产品卖点顺利地穿过层层阻碍,引起消费者的共鸣,做出更好的营销推广。

3. 植入关键词的注意事项

文案中关键词的植入成功与否,都在于情节上的设计与产品的融合度,所以在植入关键词时需要注意以下几点。

图 2.3.37　支付宝的"每一次支付,都是因为在乎"系列文案——为悦己支付

(1)讲求自然

将关键词自然流畅地嵌入文案中是考验文案创作者写作技巧的步骤。关键词不能随意地放进文案里,直接强行放入会让整篇文案显得过于生硬,难以保持文案的通顺、流畅。同时,文案内容必须和文案标题所提及的关键词紧密相关,因为受众在进行搜索时,搜索引擎也会随机抓取那些与标题关键词相关的内容。这就要求文案创作者在撰写文案时,要自然而然地插入关键词,自然而然地加入广告,让文案从头到尾看不出明显的广告痕迹,不是纯粹地介绍产品,而是特定受众的"心灵鸡汤",将文案构建成潜在目标群的"解忧杂货店",如图 2.3.37 所示,自然而然地将关键词"支付"嵌入文案中,使支付成为"爱自己"的方式。

(2)行文简洁

文案中的关键词就是起到让文案更容易被用户搜索到的作用。文案关键词的适当与否直接决定着文案被搜索到的概率。因此,撰写文案应力求言简意赅,尽量选用简洁精练的词语,短小精悍的句子,必要的修辞格,适当地植入关键词,这不仅能节省篇幅,而且能够准确清晰地表达思想。

现在是快餐文化的时代,读者看文都是一目十行,如果行文不流畅,文字啰唆重复,详略不当,就会影响读者的阅读体验,导致部分读者弃读。在植入关键词时,有时候对关键词进行解释或赞美,而这部分文字冗长的话只会起到反作用,所以,植入关键词的时候一定要行文简洁,才能点明优势,一举俘获读者。如图 2.3.38 所示,文案中简洁有力地突出"偷懒"二字,突出支付宝"方便快捷优惠"的产品优势。

图 2.3.38　支付宝"偷懒日"

（3）把握好频率

关键词的出现不是越多越好,关键词过多,一方面会影响文案整体内容的丰富性,损害整体逻辑的合理性,另一方面也会有作弊、虚假广告的嫌疑。只有多而不杂,少而不缺,合理把握好关键词的频率,才能更好地达到文案创作营销的目的。

关键词出现的次数和密度是文案关键词的重要表现形式,撰写者控制好关键词的数量,协调好密度,才可以让文案的关键词发挥最大的功效,才能有望将读者变成客户。如图 2.3.39 所示,关键词“支付”只出现一次,而文案中“为牵挂支付”也调整为“为牵挂付出”。

图 2.3.39　支付宝的“每一次支付,都是因为在乎”系列文案——为牵挂付出

活动小结

通过学习,小涛和小雅深刻了解了关键词助力卖点的前期准备工作,还掌握了关键词助力卖点的方法与精准位置,学会了植入关键词时需要注意的事项,这使他们对关键词的运用和把握更加纯熟,为今后的文案创作工作奠定了坚实的基础。

做一做　关键词助力商品卖点的方法有哪些? 请举例说明。

项目总结

关键词掌握着整篇文案的核心和命脉,它控制着文案创作者的思路和走向,以其可获得的精准、丰富的搜索结果,以其快速准确对某事、某物的定位,在文案创作和营销中占据着不可忽视的地位。小涛和小雅通过本任务内容的学习,进一步掌握了关键词的运用,了解了关键词的好与坏,学会了分辨、选择正确的关键词,并且也掌握了突出卖点的方法,学会让关键词助力商品卖点,更好地实现了关键词的价值,提高了文案的宣传力度,为推广企业产品,进行文案创作,提高转化率做好了充分的准备。

项目检测

1. 单选题

（1）将“减肥”作为关键词,可以延伸出“瘦身”“健身”“纤体”,这是(　　)扩展。

　　A. 别名扩展　　　B. 属性扩展　　　　C. 地域扩展　　　　D. 品类扩展

（2）将“红薯”作为关键词,可以延伸出“甘薯”“地瓜”“山芋”,这是(　　)扩展。

　　A. 别名扩展　　　B. 属性扩展　　　　C. 地域扩展　　　　D. 品类扩展

（3）网站产品和服务的目标客户群体第一反应搜索的关键词是(　　)。

　　A. 泛关键词　　　B. 核心关键词　　　C. 相关关键词　　　D. 长尾关键词

(4)一般是网站主题体现得最简单的词语,主要以行业、产品或服务的名称为主。这类关键词是(　　　)。

    A.泛关键词　　　B.核心关键词　　　C.相关关键词　　　D.长尾关键词

(5)根据搜索结果页面下方的词语来组织自己的长尾关键词的方法是(　　　)。

    A.站长工具　　B.相关搜索　　　C.百度下拉框　　　D.竞争对手分析

(6)可以让用户直接搜索,具有一定访问量和转化效果的是(　　　)。

    A.站长工具　　B.百度下拉框　　C.竞争对手分析　　D.社交问答平台

(7)"防滑老人鞋"属于哪种关键词策略?(　　　)

    A.产品+搜索意图　　　　　　　　B.产品+功能特效

    C.产品+品牌型号　　　　　　　　D.产品+经营模式

(8)"木森林代理加盟"属于哪种关键词策略?(　　　)

    A.产品+品牌型号　　　　　　　　B.产品+经营模式

    C.产品+领域区域　　　　　　　　D.产品+企业信息

(9)(　　　)是衡量店铺人气的主要标志之一。

    A.服务态度　　B.流量　　　　C.转化率　　　　D.发货速度

(10)(　　　)从商品竞争到品牌竞争乃至理念竞争,都超越了同行卖点一个层次和等级。

    A.新卖点　　　B.超级卖点　　　C.独家卖点　　　D.品牌卖点

2. 多选题

(1)下列关于合理组合关键词的说法正确的是(　　　)。

    A.匹配度是指用于描述产品的词语,要与产品自身的属性和特点相匹配

    B.组合有成交量的关键词不能一味地进行热门关键词的堆砌

    C.选择转化率高的关键词要选择明显针对买家购买意向的词语进行组合

    D.搜索量很高的关键词最好直接使用

(2)常见的关键词的设置形式有(　　　)。

    A.产品或服务+搜索意图　　　　　B.产品或服务+经营模式

    C.产品或服务+企业信息　　　　　D.产品或服务+领域区域

(3)设置关键词的视角有(　　　)。

    A.公司产品　　B.匹配度　　　C.用户　　　　D.对手

(4)关键词的竞争程度可以从(　　　)方面分析。

    A.搜索结果数　　B.搜索次数　　C.竞价结果数　　D.竞争对手的数量

(5)一般与电商网站相关的关键词可以分为(　　　)类。

    A.嵌入品牌关键词　　　　　　　　B.产品型号关键词

    C.产品属性关键词　　　　　　　　D.优惠信息关键词

(6)核心卖点的表现形式有(　　　)。

    A.超级卖点　　B.独家卖点　　　C.品牌卖点　　　D.新卖点

(7)提炼核心卖点的原则有(　　　)。

    A.真实的功能和功效　　　　　　　B.一定规模的人群数量

    C.独有的特点　　　　　　　　　　D.简单易记的名称

(8)常见的突出卖点的方法有(　　　)。

　　A.卖"情感"　　B.卖"特色"　　　C.卖"形象"　　　D.卖"品质"

(9)植入关键词的注意事项有(　　　)。

　　A.讲求自然　　B.行文简洁　　　C.把握好频率　　D.提及品牌

3. 判断题

(1)竞争力度越大,越难获得排名;竞争力度越小,越可能获得排名。　　　(　　　)

(2)独家卖点是某个商品本身所拥有的,而其他同类商品无法具有的唯一卖点。　　(　　　)

(3)情感是所有卖点中最稀缺、最独特的一种,是指给消费者表达一种抽象的、少见的、能启发思维的新卖点。　　　　　　　　　　　　　　　　　　　　(　　　)

(4)一个好的关键词只有放到最为精准的位置才能更好地发挥其价值,才能助力产品卖点,达到最佳的文案创作效果。　　　　　　　　　　　　　　　　　(　　　)

4. 简述题

(1)常用的关键词优化策略有哪些?

(2)确定关键词要把握好哪七大步骤?

(3)挖掘产品卖点的方法有哪些?

5. 趣味挑战题

(1)如图1所示为一款葡萄酒的商标信息,请根据该信息拟订一个商品标题。

图1　葡萄酒商标

(2)如图2所示为一款巧克力糖的商标信息,请根据该信息拟订一个商品标题。

图2　巧克力糖商标

（3）如图 3 所示为窗帘挂饰的信息，请为该产品拟订一个商品标题。

图 3   窗帘挂饰

（4）如图 4 所示为某款学生护眼台灯的主要产品优势，请你结合该商品的相关信息拟订一个产品名称，并进行关键词的设置和优化。

国AA级照度	环形面光源	6挡调光
护眼均匀大照度	柔和舒适自然光	满足更多用光需求
RG0豁免级	无可视频闪	高显色性
远离蓝光 更护眼	稳定光源减少眼刺激	还原更真实色彩

图 4   台灯优势

（5）以类目"女装/女士精品>中老年女装"为行业关键词，在阿里指数和百度指数中搜索类目"中老年服装"，根据搜索结果进行关键词分析与拓展，确定产品核心关键词，并将其组合为标题。

（6）根据苏宁易购网上超市和网上商城的一段简介，提炼出关键词并组成网页标题。

苏宁易购（Suning.com）苏宁网上超市是苏宁超市在苏宁易购网上商城开设的网上超市，在苏宁网上超市可以挑选家电、进口食品、饮料、干货、橄榄油、饼干、方便面、红枣和大米等家居日用品。苏宁易购网上超市，方便实惠，送货上门。

苏宁易购网上商城是领先的综合网上购物商城，在线特价销售手机数码、大家电、电脑办公、厨卫大电、生活家电、食品酒水等数万类商品和服务。正品行货，全国联保，本地配送，货到付款。省钱放心上苏宁电器网上商城，尽享购物乐趣！

项目 3 第一眼美女——店铺首页文案

项目综述

随着生活水平的提高,人们越来越喜欢追求高品质的生活。在这个信息时代,电子商务迅速发展和普及。现在越来越多的人都在网上购物。放眼望去,现在的网店也越来越多,如何在用户打开网页的第一时间,就抓住他们的眼球,确定店铺首页的主题风格尤为重要。店铺首页的装修和文案创意,也是吸引人们眼球的制胜法宝。不同风格的装修效果搭配不同的活动和商品,能够很好地渲染营销气氛,从而提升销量。

小涛和小雅接到张主管委派的第一个任务:店铺首页主题和风格的确定与首页文案的撰写。拿到客户的产品,了解客户的需求后,他们开始了任务探究和网店文案创作。

项目目标

通过本项目的学习,应达到的具体目标如下:

知识目标

➤ 理解店铺首页主题和风格的概念与统一原则
➤ 认识店铺首页模块的分类和作用
➤ 理解店铺首页不同模块文案的设计要求

能力目标

➤ 能够确定店铺的主题和风格

➤ 能够统一店铺的主题和风格
➤ 能够撰写店铺首页不同模块的文案

情感目标

➤ 提高对店铺风格情感的分析
➤ 培养设计不同类型文案的创意思维

项目任务

任务 1　确定页面主题及风格
任务 2　首页模块分类及设计要点
任务 3　首页不同模块文案的创作

任务 1　确定页面主题及风格

情境设计

由于近期处在电商年中平台大促销"6·18"期间,张主管接到很多客户的订单,他分配给小涛和小雅第一个任务,要他们跟着设计部的同事一起,着手为本次促销主题设计客户店铺首页风格和文案创作。小涛和小雅对店铺首页主题及风格的确定因素和店铺首页模块的分类认识不够全面,张主管向他们提出了新的要求。

店铺首页设计能有效美化店铺形象,配合主题风格;文案创作能提高店铺的吸睛率、买家的购买欲和回头率,因此获得更好的销售量和转化率。

任务分解

本次任务是认识店铺主题和风格的概念,了解确定店铺首页主题和风格的影响因素。同时理解店铺首页主题和风格的统一性,确定文案的语言风格。

本任务可以分解为两个活动:确定与统一店铺主题;确定与引领店铺风格。

活动 1　确定与统一店铺主题

活动背景

众所周知,店铺首页是一个店铺的门面,那么首页主题又该如何确定呢? 当我们店铺需要拥有促销活动时,让购买者一目了然地知晓并根据自身的喜好和需求来获取商品信息,那么这里就涉及店铺主题的统一、文案创作的问题。

活动实施

1.什么是店铺主题

通常来说,网店首页的版面设计、装修风格、文案形式布局是展示给消费者的第一印象,而决定以上内容的是店铺的主题,即该店铺的商品或品牌需要传递给目标消费群体,核心的设计理念、中心思想和主要效果。

2. 店铺主题的确定

从店铺主题的概念来看,店铺主题的确定主要受三个主要因素的影响:品牌定位、商品种类和不同的消费人群。

(1)品牌定位

店铺所经营的产品品牌一般都有其自身的品牌定位,即指为某个特定品牌确定一个适当的市场位置,使商品在消费者的心中占领一个特殊的位置,当某种需要突然产生时,能在消费者心目中立刻出现的代表物或形象。比如:在炎热的夏天突然口渴时,人们会立刻想到"可口可乐"红白相间的清凉爽口;在朋友聚餐吃火锅怕上火时,人们会立刻想到"怕上火、喝王老吉"红罐凉茶。这种品牌及企业的形象,通常以它们的广告文案争取目标消费者的心理认同和口口相传。

提起牛奶,我们会想到特仑苏(不是所有牛奶都叫特仑苏);提起矿泉水,我们会想到农夫山泉(农夫山泉有点甜);提起空调,会想到格力(好空调格力造)……为什么我们会轻而易举地想到这些品牌?通过广告的形式?很多品牌也疯狂地打过很多广告,但是为什么留给我们的印象不深刻呢?那就是缺乏品牌人格化的营销。

从事电商工作的一些销售人员发现,将品牌人格化非常有用,将消费者对产品或服务各种特性的理解、看法转化成有人性的特征,销售人员能更好地选择适用于不同品牌风格的图像和文字来传递商品信息。

然而,文案不是品牌人格的决策者,而是品牌人格的稳固者和塑造者。

如今网店店铺的表现形式图文并茂、手法多样。生硬死板、冷冰冰的整体感觉只会让潜在消费者直接闪退;生动有趣的主题形象才能更好地打动消费者。

譬如:三只卖萌的小松鼠,非常亲切,店铺文案也是用卖萌的语气来向顾客阐释产品特性,如图3.1.1所示。

图3.1.1　三只松鼠广告形象

品牌人格除了类似这种俏皮可爱的主题以外,根据美国品牌学之父戴维·阿克通过对品牌个性的研究总结出7种品牌人格,结合品牌人格可以确定出不同的主题形式。大致归纳见表3.1.1。

表 3.1.1　七种品牌人格

品牌个性	具体表现及店铺主题	代表品牌
坦诚	脚踏实地、诚实;俏皮可爱、活泼有趣	三只松鼠零食
刺激	大胆、生机勃勃、时尚	H&M 服饰
能力	可靠、聪明和成功	华为数码、耐克服饰
教养	上流社会、有魅力的,民族风情	凤凰涅槃首饰、资生堂
粗犷	户外的、坚强的	骆驼户外用品
激情	感情丰富、灵性和神秘	阿玛尼、祖马龙香水
平静	和谐、自然、平静	无印良品、自然堂护肤

(2)商品分类

商品分类是指为了一定的需求,根据商品的属性或特征,选择合适的分类标准将商品划分为门类、大类、中类、小类、品类或品目,以及品种、花色和规格等。下面我们以淘宝网为例,它主要根据商品的属性、用途和特征等进行分类,将商品分为女装男装、鞋类箱包、母婴用品、护肤彩妆、汇吃美食、珠宝配饰、家装建材、家居家纺、百货市场、汽车用品、手机数码、家电办公、生活服务、运动户外、花鸟文娱、农资采购等大的类别,再分别对每一个类别进行分类,如图 3.1.2、图 3.1.3 所示。

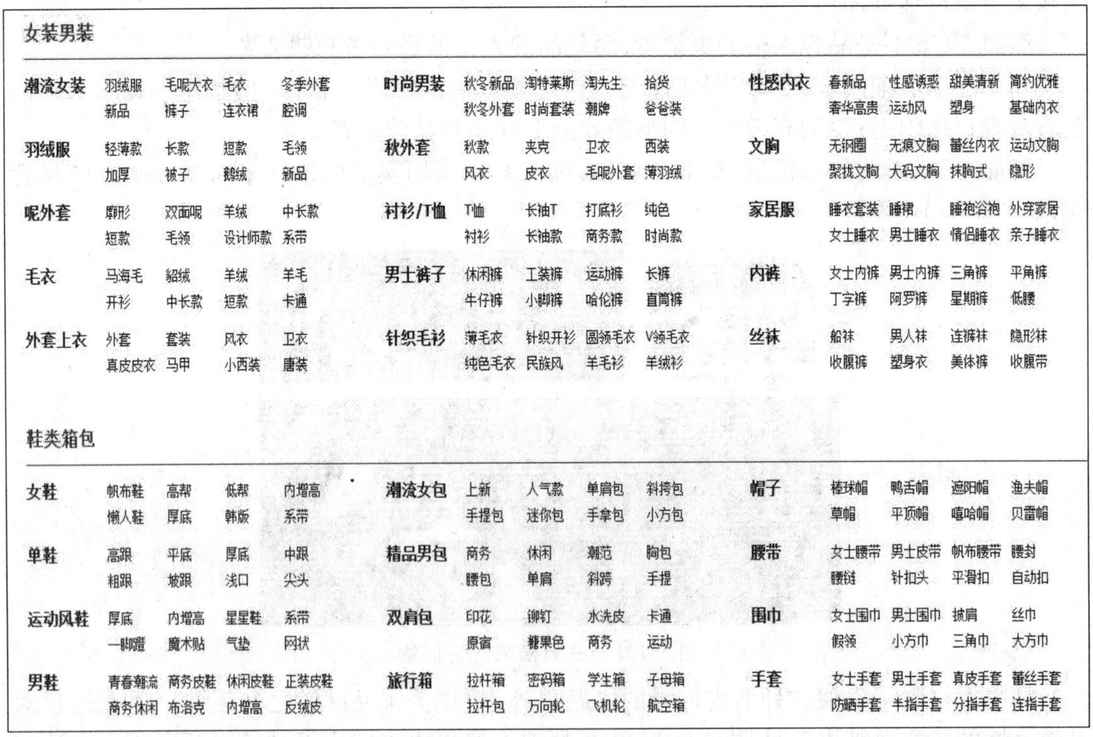

图 3.1.2　商品分类示例一

母婴用品

宝宝奶粉	英国牛栏 澳洲爱他	英国爱他 可瑞康	美赞臣 惠氏	雅培 贝因美
辅食营养	米粉 益生菌	肉松 清火开胃	磨牙棒 钙铁锌	果泥 维生素
童装	T恤 衬衫	连衣裙 防晒服	泳装 半身裙	套装 短裤
玩具	沙滩戏水 运动户外	早教启蒙 学习爱好	拼插益智 卡通公仔	遥控模型 亲子互动
婴童用品	推车 奶瓶	驱蚊器 餐椅	婴儿床 背带腰凳	理发器 安全座椅
纸尿裤	花王 雀氏	moony 好奇	大王 妈咪宝贝	帮宝适 安儿乐
童鞋	凉鞋 学步鞋	沙滩鞋 拖鞋	洞洞鞋 帆布鞋	网鞋 宝宝鞋
童车	电动车 三轮车	自行车 滑板车	学步车 扭扭车	手推车 儿童轮滑
孕产必备	内衣 妈咪包	内裤 待产包	喂奶枕 防辐射服	收腹带 储奶袋
海外直邮	海淘奶粉 海淘洗护	海淘辅食 海淘奶瓶	海淘营养 海淘餐具	直邮花王 海淘孕产
亲子鞋服	母女裙 亲子套装	父子装 母女鞋	亲子T恤 父子鞋	亲子衬衫 家庭鞋
早教启蒙	早教机 串/绕珠	点读机 床/摇铃	健身架 爬行垫	布书 木质拼图

护肤彩妆

美容护肤	卸妆 面霜	面膜 爽肤水	洁面 眼霜	防晒 乳液
香氛精油	女士香水 古龙水	男士香水 香精	中性香水 复方精油	淡香水 香体乳
眼部彩妆	眼线 假睫毛	睫毛膏 眼霜	眼影 双眼皮贴	眉笔 眼部护理
热门品牌	雅诗兰黛 SK-II	兰蔻 悦诗风吟	资生堂 水宝宝	自然乐园 契尔氏
换季保养	补水 祛痘	美白 祛斑	收缩毛孔 去黑眼圈	控油 去黑头
美发造型	洗发水 造型	护发素 假发	染发 洗护套装	烫发 假发配件
男士护理	劲动醒肤 男士套装	清洁面膜 男士防晒	男性主义 火山岩	剃须膏 爽肤走珠
新品推荐	芦荟胶 高光棒	彩妆盘 修容	腮红 V脸	香氛 去角质
超值彩妆	BB霜 遮瑕	粉底液 指甲油	唇音 粉饼	隔离 彩妆套装
纤体塑身	美胸 塑身	纤体 脱毛	胸部护理 手部保养	身体护理 足部护理
海外直邮	抗皱 滋润	抗敏感 抗氧化	保湿 深层清洁	去眼袋
口碑大赏	洁面 鼻贴	爽肤水 马油	精华	乳液

图 3.1.3 商品分类示例二

　　服饰类商品可以根据产品属性大致分为简约时尚、商务正式、俏皮活泼（童装类）、民族服饰等，相对应的店铺主题也因此与产品属性一致，如图 3.1.4 所示。服饰风格休闲洒脱，产品的主题内容也风格一致。

图 3.1.4 服饰类商品店铺主题示例

　　建材类可以根据产品属性，一般是崇尚自然、有魅力、具有一定的档次。因而，店铺主题即可围绕着原木森林为主题，或者以明星代言、成功人士代表为主题等，如图 3.1.5 所示。

图 3.1.5 建材类商品主题示例

不同类别的商品需要根据产品的属性(使用价值、包装、款式、颜色)明显的特征确定店铺的主题,不能偏离产品基本属性,文案写作与主题相吻合,紧贴店铺商品定位不断凸显自己的优势与特色,才能让店铺首页迅速吸引用户眼球,打动顾客,如图3.1.6所示。

图3.1.6　体育用品类商品主题示例

(3)不同的消费人群

对目标消费人群的年龄和身份进行分析和定位,确定顾客的喜好,对商家确定店铺主题和文案写作宣传有着十分重要的作用。

定位客户的年龄层,根据需求特性不一样,划分为4个阶段:少年儿童(0~15岁)自主购买权十分有限,该部分人群购买商品一般由父母的偏好决定;社会青年(16~35岁)占网购人群比例的大多数,商家主要研究该部分人群的需求和喜好,即追求时尚新颖、表现自我个性;中年人(36~60岁)的个性和心理相对成熟,理智消费,实惠、朴素,对品牌档次更有追求;老年人(61岁以上)注重商品质量、价格和使用价值,喜欢自然健康、注重商品售后服务和购物便利性。

定位客户的身份,女性相对男性消费者对商品的色彩、外观和包装等要求更加细致;相反,男性消费者更注重商品性价比,对于电子数码、汽车、科技等方面的商品主题会更加关注。不同职业和收入层次的顾客,对于商品的喜好、店铺主题风格都有差异,需要从事电商文案创作者综合客户年龄、身份等特征,确定主题。

3.店铺主题的统一

(1)店铺主题的"换装"

不同的商品种类,需要结合产品品牌定位、产品属性,同时配合商家、商场活动需要,因此店铺主题会因时节有所不同。商家会在电商平台节日、中国传统(农历)节假日、外国西方(公历)节假日借势营销,此时店铺首页主题会随时节而更换,店铺主题不是一成不变的,需要综合各种多变的因素而随之变换,装修风格和电商文案语言风格也会改变。

例如:电商平台年中的"6·18"电商大促,每年的"双十一"购物狂欢节,各大网店主题都会"换装",以喜庆欢乐为主旋律来确定店铺在促销活动期间的主题,如图3.1.7所示。

(2)统一店铺首页和详情页的主题

店铺主题不仅要综合产品种类、品牌定位、消费者特征,还要随着时节而随之更换。还有一点值得一提的是,网店店铺是一个整体,虽然这一章节提到的是店铺首页设计,但是首页和商品详情页的主题也需要一致。

图 3.1.7 "6·18"电商大促

想一想 你能举例日常网购体验中给你留下深刻印象的网店首页主题文案吗?

活动小结

小涛和小雅大概理解了确定网店店铺首页主题的影响因素,为了更好地完成接下来的实习任务,他们还主动搜集网络电商平台中不同主题又具有代表性的店铺进行深入研究。

做一做 电商文案人员要想顺利完成店铺首页的文案创作,需要大量地涉猎不同主题的网店文案。请你和小涛、小雅比一比,看谁找到的店铺主题文案更具有代表性?

活动2 确定与引领店铺风格

活动背景

很多店主为了使购买者能够记住店铺,都会为店铺营造一种特殊的风格,使购买者第一次点击进入本店时就迅速被抓住眼球,留下深刻的印象。店铺的主题往往就决定了店铺风格的定位,通过首页主题文案烘托店铺风格。

活动实施

1. 什么是店铺风格

店铺风格是指店铺的氛围、品味,是买家浏览网店页面时的直观感受。店铺的风格是一种无形的感觉,店铺风格的确定是在网店运营和网店文案编辑中比较关键的因素,因为它直接关系到网店的收益。

2. 店铺风格的确定

由于网店主题的不同,网店的风格也会千差万别。它们当中有的清新雅致,有的时尚简约,有的端庄高贵,还有的则是活泼灵动、黑暗神秘。各种网店无论风格如何变化,确定店铺风格的方法都是一样的,我们需要做一个"减法",原理和前面活动一提到的确定店铺主题的方法一样。

首先,我们需要明确一个问题"知道自己的店铺到底适合哪种风格"。其涉及的影响因素很多,但是最核心的决定性因素是店铺的主题定位。比如说我们店铺的主营商品是鲜花,主题是西方情人节促销,那么我们的店铺风格应该以"繁花簇锦、甜蜜浪漫"的粉色系为主的感觉来宣传设计,在撰写文案的时候就应该侧重于鲜花和情人节约会的活动来开展创作,如图3.1.8所示。

图3.1.8　情人节繁花风格

其次,我们需要明确店铺的主营产品、产品的种类、基本属性特征,尤其是商品的外包装风格特色也是我们确定店铺风格的重要因素。比如充满童趣的糖果外包装色彩缤纷,那么整体的店铺首页风格同样是卡通可爱、俏皮活泼的感觉,如图3.1.9所示。

图3.1.9　童趣风格

最后,假如店铺处在非活动期间,在商品属性特征不明显的情况下,店铺风格可以根据品牌设计理念或者目标消费人群来确定。通常我们可以在网店的品牌故事介绍里找到产品的设计理念,可以通过文字、图片和视频等手段向客户展现本店的风格。为买家营造出所需的购买氛围,这样购买者能够身临其境。同时,塑造特定的店铺风格,其实是品牌的形象画像,为买家营造强烈的代入感,如图3.1.10、图3.1.11所示。

图3.1.10　Swatch广告风格

图3.1.11　腕表广告风格

3. 店铺风格的引领

①确定了店铺风格之后还不够,我们要确保该店铺首页和其他页面整体风格保持一致。店铺首页的风格基本覆盖首页每个模块以及背景的选用,网店文案对商品、活动描述语言风格同样需要优化,使之保持一致。比如:店铺经营的产品是汉服,中国风韵味浓厚,店铺的风格为古色古韵、温婉恬静的感觉,文案写作的语言文体则会选用一些诗词歌赋、偏重于文学意味,如图3.1.12所示。

图3.1.12　店铺中的中国风

②店铺的风格确定后,可以据此拟订一句广告语,刻意加重渲染氛围,这样日常的网店运营也得益于此,注重店铺日常维护要与风格保持一致。广告语不仅出现在店铺首页,也可以贯穿于商品详情页中,通过反复出现,加深消费者的印象,并且在有需求的时候第一时间想到该店铺辨识度高的风格和广告标语。比如:德芙巧克力的店铺风格是甜蜜酣畅的感觉,而广告语"夏日,小愉悦"很好地诠释了这种意味,如图3.1.13所示。

图3.1.13　德芙巧克力的店铺风格

活动小结

小涛和小雅在理解了店铺首页的主题和风格的概念后,掌握了店铺主题和风格的确定因素,对店铺主题和风格的统一有了更深入的认识。他们深知营造合适店铺风格能对网店运营有很大的作用,网店文案创作也要和风格保持一致,让买家有更好的购物体验。

做一做   根据以下店铺首页的截图,判断该店铺的风格,并试着为其拟订一句符合风格韵味的广告语,如图 3.1.14、图 3.1.15 所示。

图 3.1.14   店铺首页截图(一)

图 3.1.15   店铺首页截图(二)

任务 2   首页模块分类及设计要点

情境设计

通过前面的学习,小涛和小雅知道了很多店铺为了使顾客能够记住它,都会在店铺首页为店铺营造不同的风格,比如说"森系"会营造一种小清新的感觉,"朋克"会营造出炫酷。小涛和小雅是爱思考的实习生,他们觉得店铺首页虽然可以确定店铺的风格,但是很多购买者在浏览首页时还是会遇到其他一些问题,比如明明这个店铺的风格是我喜欢的,却总也找不到想买的商品;在浏览店铺的过程中遇到了问题,想要与客服进行沟通,却无法找到店铺的联系方式。张主管听了他们的疑问笑着说:"这正是我今天要为你们介绍的内容——首页的模块分类及作用。"

任务分解

在教师的指导下,利用互联网自主学习,通过搜索不同网店的首页,了解首页包含的模块及作用,并且了解模块设计的基本要点。

本任务可以分解为两个活动:认识首页各模块及作用;首页模块分类设计小窍门。

活动1　认识首页各模块及作用

活动背景

通过前面的学习,我们知道首页是消费者进入店铺的第一印象,首页可以创造出自己的风格,吸引消费者的注意。但是如何让消费者一目了然地了解店铺所售产品及近期的销售优惠呢? 我们可以通过设计首页的模块分类来增加店铺的吸引力,提高用户的体验效果。

活动实施

当你浏览一个店铺,你最想知道的是什么? 没错,一定是产品的种类、有何销售优惠、有哪些主打产品、其装修风格怎样。为了让消费者一目了然地了解店铺产品及销售信息,我们可以对首页进行模块分类。

1.店铺首页应该包含的模块

(1)店招

一般展示的内容是店铺的名称、Logo、口号、优惠券和收藏店铺的图标等。店铺可以根据自己的品牌定位,设计出有特色的店招。

以下为圣罗兰的店招模块,该店铺的店招设计比较简洁、明了,重点展示了店铺的名称、店铺的 Logo 等,如图 3.2.1 所示。

图 3.2.1　店招图例(一)

以下是格力天猫旗舰店的店招模块,除了展示了店铺名称、Logo 等内容之外,它还重点强调了店铺的定位为"让世界爱上中国造",如图 3.2.2 所示。

图 3.2.2 店招图例(二)

(2)导航

导航可以分为系统自带导航和自定义导航,主要功能是可以快速链接到相应的指定页面。为了提高导航的效率,提升消费者的购物体验,导航可以依据店铺产品的功能、属性,消费者的消费习惯,时间上的季节、节日等进行划分。比如下面这个案例是女装店铺的导航,商家根据商品的功能和季节把商品划分为"连衣裙、T恤、衬衫、半身裙",又依据商品的销售情况把商品划分为"爆款清单",因为女装讲究款式的新颖,为了满足消费者这一消费习惯,店铺导航中还设置了"每周上新"。通过这样的导航搜索,消费者可以有针对性地快速寻找到自己想要的商品,大大提高了消费者的购物体验,如图 3.2.3 所示。

图 3.2.3 导航图例

(3)全屏海报

全屏海报主要用于展示店铺的主推活动、折扣优惠、主打产品的推荐,让客户一进入首页就能够看到该店铺的重点内容。

这是某女装店铺针对新年所做的一款全屏海报,海报清晰地展现了店铺以新年为主题开展的优惠活动,消费者可以一目了然地了解店铺主推的活动及各种优惠,如图 3.2.4 所示。

图 3.2.4 全屏海报图例

有时全屏海报也可以展示优惠券的内容,下面这个案例就是三只松鼠围绕"6·18"活动主题推出的优惠券。消费者可以根据需要领取相应的优惠券,享受优惠活动,如图 3.2.5 所示。

图 3.2.5　优惠图例

同时全屏海报也可以体现店铺主打产品的推荐,以此吸引消费者的注意。比如圣罗兰旗舰店就把"明星单品　闪耀夏日"的主推产品作为其全屏海报的内容,如图 3.2.6 所示。

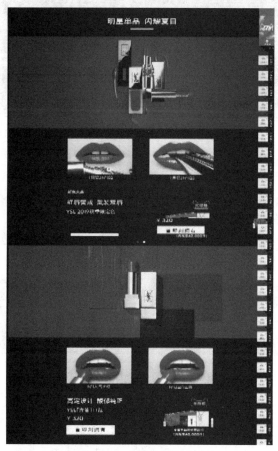

图 3.2.6　主推产品图例

（4）产品促销轮播海报

产品促销轮播海报主要用于推广产品的促销内容，因为是滚动式的轮播，卖家可以设计出多个理由，从多角度来吸引买家。比如圣罗兰旗舰店针对"6·18"的促销活动，就选用了多款产品，从多个角度做成了滚动轮播的海报，以此来吸引买家，如图3.2.7、图3.2.8所示。

图3.2.7　轮播海报（一）

图3.2.8　轮播海报（二）

（5）商品分类

为了方便买家根据自己的需求在该店铺快速找到想要的商品，可以对商品进行分类。分类的标准可以是价格分类、产品功能分类、产品属性分类等。我们在分类的时候，不是只能够用一个分类标准，有时是综合使用多个分类标准。

如图3.2.9所示的案例，就是根据消费者的搜索习惯以及季节热销等两个维度进行的综合分类。

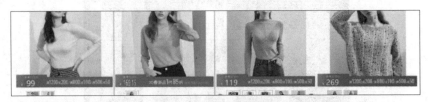

图3.2.9　商品分类图例（一）

三只松鼠旗舰店把商品按照"尖货TOP 10、当季新品、健康坚果、肉食/卤味、饼干/膨化、果干/蜜饯、面包/蛋糕、鱿鱼/海味、豆干/辣条、糖巧/布丁、坚果礼盒、松鼠团购"的条件进行分类，如图3.2.10所示。

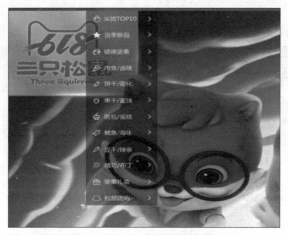

图3.2.10 商品分类图例(二)

（6）店铺联系方式

不同的平台使用的沟通软件可能有所不同,但是都是为了方便买家联系商家。在如今竞争激烈的网店销售领域,卖家除了要提供优质的产品外,还应该提供优质的服务。网店的客服与实体店的销售员功能是一样的,存在的目的都是为顾客答疑解惑,不同的是网店通过聊天软件与顾客进行交流,如阿里旺旺、微信等。

比如在淘宝、天猫平台可以直接运用阿里旺旺让淘宝掌柜更高效管理网店,及时把握商机消息,从容应对繁忙的生意,如图3.2.11所示。

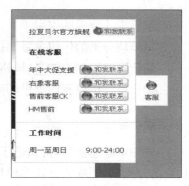

图3.2.11 阿里旺旺

（7）店铺公告

店铺公告主要可以做一些店铺声明、紧急信息公告等内容。

比如在春节期间,很多物流会停运,那么网店可以运用店铺公告模块告知消费者这一重要信息,如图3.2.12所示。

图3.2.12 店铺公告

（8）店铺页尾

店铺页尾主要展示的内容有快递、包装物流、售后等信息。

这家店铺的页尾通过"品质保障、七天无理由退换货、特色服务体验、帮助中心"等内容，可以增加消费者的信任感，促成购买，如图 3.2.13 所示。

图 3.2.13　店铺页尾示例

2.首页模块分类的作用

首页模块分类的作用主要有以下两个：

一是让顾客记住店铺名、风格、商品品类、商品价位等基本信息；

二是让客户按照我们提供的路线目标在首页上有目的地点击，提高二跳率。

活动小结

小涛和小雅通过学习，知道了店铺首页可以分为店招、导航、全屏海报、产品促销轮播海报、商品分类、店铺联系方式等模块，并且知道了不同的模块有不同的作用。

做一做　了解网店首页的不同模块及作用。

步骤1：在淘宝、天猫或京东等电商平台搜索自己喜欢的一家网店的首页，完成表 3.2.1。

表 3.2.1　首页模块分类及作用

首页模块分类	模块的具体内容	模块的作用
店招		
导航		
全屏海报		
商品促销轮播海报		
商品分类		
店铺联系方式		
其他		

步骤2：学生分成 4 人小组，小组讨论表格的内容，对讨论内容进行整理、小结。

步骤3：小组派代表展示小组的学习成果，教师点评和小结。

活动2　首页模块分类设计小窍门

活动背景

小涛和小雅通过张主管的介绍,知道了店铺首页可以分为这么多模块,而且每个模块的作用都不一样。张主管告诉他们,光知道模块的分类还远远不够。两个实习生异口同声地问张主管:"那么我们还应该学习什么呢?"张主管笑着看看两个同学说:"在首页各个模块分类的时候,我们还有一些应该注意的问题,只有把这些问题都解决了,我们的店铺才能吸引更多的购买者,才能让购买者进行更多的购买活动。"我们跟着小涛和小雅一起来学习一下店铺首页模块分类还应该注意哪些问题吧!

活动实施

在店铺首页模块分类的时候,很多人都会有疑惑,明明店铺首页该有的模块我们都有了,可是效果却不好。到底该怎么分类才能让购买者更加长久地停留在店铺中? 到底该怎样才能吸引更多的人进来购物? 到底怎么分类才能让购物者有更好的购物体验? 其实要做到这些并不是很难,下面我们将讨论首页模块分类时应该注意哪些问题。

1. 店铺的名称要清晰

店铺名称要清晰这一点非常重要,只有你取了一个相对清晰,让大众都看得懂的店名,才能使购买者在购买的时候第一时间读懂并记住。如果店铺名称不够清晰,那么购买者无法快速记住,自然在购物时就不会想到你的店铺了。

2. 主营项目要清晰

店铺的主营目标一定要清晰,让购买者一目了然这家店铺主要经营的是什么。有些人会说,店铺卖那么多的东西,我们该如何确定自己的主营业务呢? 比如你的店铺既卖蛋糕又卖鲜花,但是你们是一家专业做蛋糕的公司,那么你们店铺的定位就应该是蛋糕而不是鲜花。因此在店铺首页的文案中,要偏重于对蛋糕这个主营业务进行宣传。

3. 展示产品不用太多

我们需要在店铺的首页展示一些商品,但是到底该展示多少商品,是不是多多益善呢? 其实店铺的首页空间是有限的,购买者的注意力是稀缺的,如果一下子展示过多的商品,会使购买者产生眼花缭乱的感觉,进而会失去购买的兴趣。因此,在首页展示商品时只要挑选一些比较实用、具有竞争力的进行展示即可。

4. 首页风格要统一

现在网店的数量众多,无论你在淘宝或其他电商平台上卖什么产品,都会有很多的竞争对手。我们该如何在诸多的竞争对手中脱颖而出,让购买者选择我们的店铺进行购买呢? 我们要通过首页各模块的统一风格,加深购买者的印象,让购买者认可我们的店铺。首页各模块风格的统一可以通过文案的统一来做到,可以根据店铺的风格拟订广告语,广告语可让购买者在有需求的时候,第一时间想到我们的店铺。比如售卖绿色健康食品的店铺可以拟订"畅享绿色健康,首选某品牌"的广告语。

5. 迎合购买者的浏览习惯

在店铺首页模块的设计中,我们一定要注意迎合购买者的浏览习惯,尽可能做到主次分明,迎合购买者"F"型的浏览顺序。F(Fast)指的就是快速浏览。"F"型浏览模式说明阅读者的眼睛在短短几秒内,以惊人的速度扫过你的网站页面。该浏览模式由眼动追踪研究而被推广普及,在这个研究中记录了超过200位用户浏览网页时,发现用户的主要阅读行为在许多不同的网站和任务中相当一致。这个浏览模式看起来有点像字母F,并包含以下3个组成部分:第一,读者的眼睛首先是水平运动,常常是扫过网页内容的上半部分。这样就形成了一条横向的运动轨迹。这就是F字母的第一条横线。第二,读者的眼光略微下移,很典型的扫描比第一步范围较短的区域。这就又画了F字母中的第二条横线。第三,读者朝网页左边的部分进行垂直扫描。有时候,这个举动很慢而且很有系统性,这样就画了F字母中的一条竖线。

6. 每个模块内容要区分开

网店首页主要展示若干模块的内容,每个模块之间要区分开。这样购买者才能根据需要找到自己所需要的模块进行浏览。同时,将模块区分开也能够给人一种专业、整洁的感觉,从而增加购买者对店铺的好感。

活动小结

小涛和小雅听完张主管的介绍后频频点头,原来首页模块的分类还有这么多的学问,一个看似简单的首页模块分类,里面也暗藏着玄机呀! 原来店铺与店铺之间的差别就存在于这些细节里。

> **做一做**　小涛和小雅在张主管的指导下知道了店铺首页可以划分为这么多的模块,而且每个模块的作用都不一样,现在有一家手机店铺也要针对"6·18活动"设计首页的模块。如果你是小涛或小雅,你会怎么来为这家手机店铺设计首页的模块呢? 请画出首页模块示意图。

任务3　首页不同模块文案的创作

情境设计

在张主管的指导下,小涛和小雅知道了首页模块的分类及设计要求,两个人也通过在淘宝上浏览店铺,学习借鉴了很多网店的经验。他们两个特别希望自己也能动手做一做,对网店的首页各模块的设计也都跃跃欲试。今天在张主管的授权下,两个人总算有了一个大显身手的机会:为一家新开店铺设计首页。那么该怎样来写这些文案呢? 现在我们跟随小涛和小雅一起来学习吧!

任务分解

本次任务是学习首页各模块的文案创作,本任务可以分解为以下 3 个活动:店招文案创作;全屏海报文案创作;商品陈列区文案创作及首页其他模块文案创作。

活动1 创作店招文案

活动背景

在浏览网店的时候,你一定有这样的经历,有些店铺的名称你看一眼就记住了,而有些店铺的名称你一扫而过,根本什么都记不住。为什么会有这样的差别呢? 我们到底该如何为店铺取名字,如何设计店铺的 Logo 呢? 这就是本次活动的重点:店招的文案创作。

活动实施

想一想 什么样的店铺名称容易被记住?

店招就是店铺的招牌,有着特别重要的作用,店招设计的好与坏,会直接影响购买者对店铺的印象。线下店铺对于店招非常重视,一个好的店招不光是店铺坐落地的标志,更是起到了户外广告的作用。网店的店招同样是品牌信息的展示窗口,它在店铺首页中是一个非常特殊的模块,它不需要任何设置,就能在所有页面中显示。

店招一般要展现以下几个方面的内容:

1.店铺名称

如果你观察了很多店铺的名称,就一定会发现很多店铺取名的方法都是有规律可循的。总结起来主要有以下几种起名的方法:

(1)以销售的商品为导向取名

比如"某服装店""某婴儿用品店"。这么做的好处在哪里呢? 首先店铺所售卖的商品一目了然;其次可以方便消费者搜索;最后方便消费者记忆。

(2)以品牌为导向取名

一个没有品牌名称的产品往往会使消费者产生不安全感,误认为是三无产品,而通过品牌可以增加产品的附加值,所以店铺可以以品牌为导向取名。品牌取名也有一些规则,比如:品牌名称要简洁干练;好记易懂;要与产品相关等。

做一做 请按照简洁干练、好记易懂、与产品相关的原则为一款面膜起个品牌名。

(3)以折扣为导向取名

很多店铺都有自己的工厂和渠道,可以以超低价格售卖产品,为了突出自身的优势,在取名的时候可以选用以折扣为导向的方法。比如有的店铺取名为"五折女装店""某公司直销"等。如果以折扣为导向取名,折扣一定要长期持久,而且要确实让利,才可以刺激需求。

（4）以功效为导向取名

在一般情况下，消费者登录淘宝之前就已经确定了自己的需求，因此以功效为取名导向，可以方便消费者快速搜索到自己的店铺，增加店铺的曝光度。比如一家售卖养身药酒的店铺，可以根据功效取名为"某养身药酒专卖"。

（5）以人物为导向取名

在浏览淘宝时，我们常常会看到"某大叔的店""卖某物的刘小姐"等店铺名称，这样做的优势在哪里呢？首先可以拉近与消费者的距离，让人有一种亲近感，进而产生好感；其次可以增加真实感。

（6）以动物为导向取名

以动物为导向取名，就是以猫、狗、兔子、老虎等常见的动物为核心取名。以动物为导向取名可以增加亲近感和趣味性，方便消费者记忆，但是在以动物为导向取名的时候动物要符合店铺的风格。

> **想一想**　于经理经营了一家婴幼儿用品店，现在要开设一家淘宝店铺，如果他要用以动物为导向的方法给店铺取名字，可以选用哪些动物呢？

2. 店铺 Logo

Logo 是 Logotype 的缩写，其中文意思是徽标或商标。通过形象的 Logo 可以让消费者记住公司的主体和品牌文化。比如，金色的英文单词 M，一眼可以看出是"麦当劳"；一个咬了一口的苹果标志，一眼能认出是苹果旗下的电子产品。

Logo 无处不在，我们穿的衣服、使用的手机、家用电器、各种汽车、办公室的办公用品等，都有自己的 Logo。只要我们看到这个标志就会联想到它是什么产品，做什么的。Logo 以一种简洁的图形形象展现企业的文化内涵和经营理念，能让消费者第一时间更快、更清晰地了解企业信息。

Logo 一般由三种方法组成：一是图形 Logo，比如苹果公司（图 3.3.1）和华为公司的 Logo；二是由品牌名组成的，比如联想和三星；三是由图像组成的，比如老干妈、霸王。Logo 设计有以下原则：简单、可记忆、永恒、通用、合适。

图 3.3.1　苹果公司 Logo

> **做一做**　如图 3.3.2 所示用了什么方法组成 Logo？
>
>
>
> 图 3.3.2　格力公司 Logo

3. 店铺定位广告语

在店招上可以写出一句话，来说出店铺的定位或产品的风格，比如"专注×××（类目）××年""致力打造×××领导品牌""畅享绿色生活，首选×××"等。如图 3.3.3 所示，FLOWERPLUS

店铺的广告语为"鲜花点亮生活",一句简短的话,表达了店铺的理想和目标。在标语的创作中要注意不要违反广告法的极限用语规定,否则得不偿失。广告语尽量不要用绝对化用语,"绝对化文案"是指商品、服务本身或者某方面,如价格、材料、销量、质量等用最好、最佳、第一等词语描述,涉嫌与其他商品或服务做出对比的描述,并且该描述信息最终会定位于产品或者服务上。

图 3.3.3　店铺标语

4. 关注、收藏店铺

通过店铺的收藏功能,顾客可以将自己感兴趣的店铺添加到收藏夹中,以便再次访问时可以轻松找到相应的店铺。店铺收藏区通常是内容较为单一的文字,用统一的按钮或者图标对店铺进行首次提醒。

5. 活动促销和优惠券

如果店铺正处在促销活动过程中,店招中可以加入活动促销和优惠券的信息。如图3.3.4 所示华为手机店铺在店招中加入了活动促销的信息。

图 3.3.4　华为手机店铺店招

店招的创作各式各样,展示的内容也会随着时间的变化而变化。但是,不管如何制作店招,有些信息是店招必不可少的,比如店铺的名称、Logo 和广告语等基本信息。

活动小结

通过学习,小涛和小雅了解了店招的文案创作,知道店招包括店铺名称、Logo、广告语、收藏、活动促销和优惠券等内容,不同的店铺为了体现自己的风格和特色,可以对店招进行不同的创作。

做一做　请为一家女装店设计店招。

要求:

①店招一定要包括店铺名称、Logo、广告语 3 个内容,其他根据店铺情况而定。

②店铺的名称、Logo、广告语要有一定的内涵意义,风格要统一。

活动 2　创作全屏海报文案

活动背景

通过前面的学习,小涛和小雅知道了店招模块的文案创作,作为店铺首页的重要模块——全屏海报模块的文案创作与店招模块文案创作有什么不同呢? 这一活动他们要学习全屏海报模块的文案创作。

活动实施

网店首页的全屏海报模块是对店铺最新商品、主推商品、优惠打折、促销活动等信息进行展示的区域,位于店铺导航条的下方,处于首页的黄金位置,其设计面积要比店招和导航条都大,是购买者进入店铺首页中观察到的最醒目的区域,是第一视觉关注点。由于全屏海报区域在店铺首页开启的时候占据了大面积的位置,如图 3.3.5 所示,因此创作的空间增大了,需要传递的信息也更讲究,如何找到产品的卖点、设计创意,怎么样让文字与产品结合,达到与店铺风格的完美融合,是这一模块文案创作需要考虑的一大问题。

1. 全屏海报的内容

(1)店铺主推商品

根据二八效应,店铺 80% 的销售来自 20% 的商品,而这 20% 的商品可以说是店铺的主推商品,是店铺最受欢迎的产品,我们在产品展示时要给这些商品最好的黄金位置,当消费者来浏览店铺的时候,一眼就能得知近期店铺热销的产品有哪些,进而有选择性地进行浏览。如图 3.3.5 所示,FLOWERPLUS 就把当季热销商品放入全屏海报。

图 3.3.5　全屏海报

(2)活动促销

当店铺举办活动,拥有大型促销优惠时,为了提醒购买者进行购买,刺激购买需求,我们也会在全屏海报上进行展示。这样,消费者在浏览过程中可以一目了然地了解店铺近期的活动和促销策略。如图 3.3.6 所示的活动促销有:抽压岁钱、满 300 减 200、99 元任选、新人入会、团购等活动。

2. 促销型海报文案的创作要点

(1)有明确的促销主题

每一张海报都需要一个主题,要明白海报想要传达的中心思想和主要内容是什么,要让消费者一眼就知道海报核心表达的内容是什么。

想一想　如图 3.3.6 所示促销海报的主题是什么?

图 3.3.6　促销海报

我们可以依据什么来确定促销活动的主题呢?

中国是一个历史悠久的国家,传统节日比较多,加之近年来不断有国外节日引入,使得节日越来越多,比如:春节、母亲节、端午节、中秋节、国庆节、元旦节等都可以作为促销的主题。另外,随着电商的发展,很多依据电商发展起来的节日也越来越受商家的重视,如"双十一""6·18"等可以成为促销的主题。我们还可以围绕店铺本身的情况来确定促销的主题,比如周年庆典、新品发布、老客户感恩回馈等。

在促销主题文案的创作中我们要尽可能地用简短的一句话来表达。比如"'6·18'限时特惠",而"万水千山粽是情"这一主题很明显是根据中国的传统节日端午节确定的,同时表达形式可以选用大家耳熟能详的诗词、成语或者歌词。

(2)选定促销的产品

哪些产品可以成为促销的产品?该如何选定促销的产品呢?首先我们可以对店铺的产品进行规划,找出比较有市场潜质的产品,确定好哪些是带动店铺人气的,哪些是集中赚取利润的,根据产品的不同目的进行规划选择。比如可以选择引流款作为促销的产品。流量对于店铺而言,其重要性不言而喻。引流款的目的是带动店铺的流量与人气,它不仅可以将店铺的营业额带向新高度,还会帮助店铺带来更多的自然搜索流量,是店铺运营的突破口。

(3)明确促销形式

在促销活动中,让消费者获得"额外价值"是促销让利的核心,让利的目的不是让企业放弃利润,而是希望采用让利的方式,追求销售规模,以求获得更多的利润。常见的促销形式如下:满××元,送××礼品;全场××折;秒杀;一件××元,两件××元;店铺优惠券;抽奖;买××送××等。促销形式的玩法越简单、直接越有效果,如果形式设计得太复杂,不容易让消费者理解。比如支付宝钱包曾经和物美超市联合搞了一次优惠促销活动,活动形式非常简单,就是"满100减50",但是这一简单的规则收到了意想不到的效果。

如图 3.3.7 和图 3.3.8 所示的优惠使用规则非常简单易懂,方便消费者操作。

图 3.3.7　促销图例(一)

图 3.3.8　促销图例(二)

(4)制造紧张感和稀缺感

一个没有次数限制的机会不能称为真正的机会,越是稀缺的东西,越容易引起消费者的关注,并且形成疯抢。可以通过活动的时间、参与的人数、产品数量的限制来制造紧张感和稀缺感,甚至可以运用倒计时的方式,加强紧张感。"聚划算"的促销海报中购买的理由均为促销活动,右下角则通过时间的限制加强了紧张感,催促人们迅速下单。如图 3.3.9 所示的促销活动是限时的,通过这种紧张感驱动消费者购买。

图 3.3.9　限时特惠

活动小结

网店首页的全屏海报模块是对店铺最新商品、主推商品、优惠打折、促销活动等信息进行展示的区域,位于店铺导航条的下方,处于首页的黄金位置,其设计面积要比店招和导航条都大,是消费者进入店铺首页中观察到的最醒目的区域,是第一视觉关注点。我们通过学习,知道了全屏促销海报的文案创作有四个要点:明确主题、选定促销商品、明确促销形式、制造紧张感和稀缺感。

> **做一做** 请为某一男装店做一幅以父亲节为主题的促销海报。海报要包括促销主题、促销形式、促销内容,同时要制造出紧张感和稀缺感。

活动3 创作商品陈列区文案及首页其他模块的文案

活动背景

商品陈列区是首页不可忽视的一个模块,网店宝贝的陈列目的是第一时间争夺消费者的眼球,让消费者做出决策,让店铺的宝贝超越自身的价值,卖出好的价位。商品陈列区除了展示商品的图片之外,还需要配合相应的文案,本活动我们将学习商品陈列区文案的创作。首页除了上面介绍的模块之外,还有一些看起来不是特别重要但是却必不可少的模块,如导航、公告栏、页尾,本次活动我们还将学习这些模块文案的创作。

活动实施

1. 商品陈列区文案创作

商品陈列是一门大学问,近年来陈列师也成为热门职业。陈列师的工作是利用艺术的、文化的甚至另类的手段引起消费者对商品的兴趣,满足消费者体验商品内涵和服务品质的需求,从而最大限度地开发出商品潜在的附加值,达到商业目的。对于线上电商而言,商品陈列也非常重要,它会直接影响产品的销量。

(1)商品陈列的意义

网店商品的陈列目的是第一时间争夺消费者的眼球,让消费者做出决策,让店铺的宝贝超越自身的价值,卖出好的价位。如果店铺有30种单品,我们不假思索地把所有商品陈列展示给消费者,与我们精心策划后陈列摆放在店铺中,展示给消费者的效果是完全不一样的。商品陈列区是首页中的重要模块,甚至可以说整个店铺的首页几乎就是由商品陈列展示构成的。

(2)商品陈列的方法及文案写作

①整齐划一法。把商品一排一排陈列展示,使商品显得丰富、整洁、美观,让消费者很容易找到自己喜欢的款式或颜色,引导消费者进一步对商品进行了解。这也是最常用的首页商品展示方式之一。这一陈列方式因为以图片为主,文案一般就是用简洁的语言对产品进行简短的概括描述,比如"王牌必囤,自然奶香滋润开年",如图3.3.10所示。

②重点突出法。重点突出法一般选用消费者的关注点或者产品设计的亮点作为细节进行展示,从而形成商品主次分明、突出重点的效果。如图3.3.11所示,在展示商品整体效果的基础上,突出了商品的口袋、帽子等细节设计,从而达到突出重点的效果。

图 3.3.10　商品陈列

图 3.3.11　细节图

③图文对比法。在商品陈列中,可以采用"产品图片+文案"的方式展示,全方位展示一个单品,提升单品的转化率。如图 3.3.12 所示,这一方法中,文案可以用简短的词句重点对产品的卖点进行简短介绍,同时可以说明现在价格的优势。

图 3.3.12　图文对比法

2. 首页其他模块的文案创作

(1)导航模块的文案创作

导航在店铺中起到非常重要的作用,它能够快速引导消费者找到自己需要的商品。网店导航是买家访问店铺的快速通道,可以快速从一个页面跳转到另一个页面,查看店铺的各类商品及信息。提供清晰的导航能够保证更多店铺页面的访问,使更多的商品及活动被发现。在网店首页中,通常有4类导航显示:一是店招导航;二是页中分类导航;三是左侧分类导航;四是页尾导航。

导航中给产品分类时应注意以下事项:

①找出较容易的店铺分类方法。在给店铺产品分类的时候,尽量找出较简单直接的方法,可以依据店铺产品的功能、属性,消费者的消费习惯,时间上的季节、节日等进行划分。我们不要把产品分成很多类型,另外有些产品在分类上会比较模糊,有的可能同时属于多个分类。比如有个案例是女装店铺的导航,商家根据商品的功能和季节把商品划分为"连衣裙、T恤、衬衫、半身裙",又依据商品的销售情况把商品划分为"爆款清单",因为女装讲究款式的新颖,为了满足消费者这一消费习惯,店铺导航中还设置了"每周上新"。

②店铺分类尽量不要设置子类目。我们会看到这样的情况,有些店铺既有上衣又有裤子,他们首先是分为"上衣"与"下装",然后"上衣"和"下装"下面再建立子分类,比如上衣下面又分为卫衣、外套、夹克等。这样的分类虽然仔细,但无形中给消费者的访问设置了一道屏障,影响了消费者的体验。

(2)公告栏模块的文案创作

首页中的店铺公告栏是客户了解店铺的一个窗口,同时也是店铺的一个宣传窗口,用于张贴公文、告示、启示等提示性内容。写好店铺的公告栏,对一个店铺而言比较重要。公告栏的写法可以有以下三种:

第一种:简洁型,也就是一句话或者一段话,如"本店新开张,欢迎光临,本店竭诚为您服务!"

第二种:消息型,就是将店铺的促销活动或产品上新通过公告告诉大家,比如"在10月2—20日期间,凡是购买本店宝贝即送50元优惠券一张,先到先得。"

第三种:保证型,最近淘宝等平台对于打假的态度越来越强硬,很多店铺为了让消费者放心消费,在公告栏中就会出现正品保障、积极打假的态度。

(3)页尾模块的文案创作

页尾的主要作用是形成首页的访问循环,加强用户印象,提升首页的分流导向。如果在页尾放一些导航、搜索框、质量保证、客服、收藏等信息,可以拉回一些试图离开即将跳出店铺的顾客。

如图3.3.13所示,页尾的售后服务保障可以让消费者放心购买,打消购物者的疑虑。

图3.3.13 售后服务

活动小结

在这一活动中,小涛和小雅了解了商品陈列的意义,同时掌握了陈列区文案的创作,对于首页其他模块的文案创作,具体学习了导航、公告栏和页尾文案的创作。

做一做

(1)请运用整齐划一法、重点突出法或图文对比法为一家男装店铺设计商品陈列。

(2)请为一家幼儿用品店设置导航。

(3)因为春节将至,物流公司在 1 月 25 日—2 月 10 日将停运,请为店铺写一则消息型的公告。

项目总结

店铺的首页,是顾客进入店铺的第一印象,首页可以创造出自己的风格,吸引消费者的注意。通过首页,消费者一目了然地了解店铺所售产品及近期的销售优惠等。首页通过不同模块的分类,可以增加店铺的吸引力,提高用户的体验效果。本项目从店铺首页的主题和风格、首页模块的分类及作用、首页不同模块文案创作三个方面进行介绍。通过这一项目的学习,小涛和小雅掌握了店铺首页各模块文案的创作方法,能够独立完成店铺首页不同模块的文案创作。

项目检测

1. 单选题

(1)"某婴儿用品店"运用了哪种取名方法?(   )

    A. 动物为导向   B. 销售为导向   C. 人物为导向   D. 折扣为导向

(2)"引流款"商品最主要的目的是什么?(   )

    A. 利润的增长   B. 增加销售额   C. 吸引顾客   D. 卖东西

(3) 🍎 的 Logo 运用了什么方法组成?(   )

    A. 图像   B. 文字   C. 视频   D. 形象

(4)(   )把商品一排一排地陈列展示,使商品显得丰富、整洁、美观,很容易让消费者找到自己喜欢的款式或颜色,引导消费者进一步对商品进行了解。

    A. 单一法   B. 整齐划一法   C. 重点突出法   D. 图文对照法

(5)(   )是买家访问店铺的快速通道,可以快速从一个页面跳转到另一个页面,查看店铺的各类商品及信息。

    A. 公告栏   B. 联系方式   C. 导航   D. 海报

2. 多选题

(1)以下哪些可以作为促销的主题?(   )

    A. "6·18"   B. 端午节   C. 情人节   D. "双十一"

(2)公告栏文案创作的方法有哪些?(   )

    A. 简洁型   B. 消息型   C. 公告型   D. 保证型

(3)Logo 一般由哪些方法组成?(　　　)

  A. 图形　　　　B. 字体　　　　　C. 图像　　　　　D. 视频

(4)首页包含哪些模块?(　　　)

  A. 店招　　　　B. 导航　　　　　C. 海报　　　　　D. 公告栏

(5)店铺主题的确定主要受哪些因素的影响?(　　　)

  A. 店面　　　　B. 商品种类　　　C. 品牌定位　　　D. 不同的消费人群

(6)商品陈列的方法有哪些?(　　　)

  A. 整齐划一法　B. 重点突出法　　C. 单一法　　　　D. 图文对比法

(7)商品分类的标准有哪些?(　　　)

  A. 功能　　　　B. 价格　　　　　C. 大小　　　　　D. 属性

(8)促销常见的形式有哪些?(　　　)

  A. 满××元,送××礼品　　　　　B. 全场××折

  C. 一件××元,两件××元　　　　D. 买××送××

(9)我们可以依据什么来制造紧张感和稀缺感?(　　　)

  A. 时间有限　B. 数量有限　　C. 价格有限　　　D. 方法有限

(10)首页模块分类的作用主要有以下几点?(　　　)

  A. 满足顾客的好奇心　　　　　B. 让顾客记住店铺的基本信息

  C. 提高二跳率　　　　　　　　D. 分流顾客

3. 判断题

(1)整齐划一法是在商品陈列中,可以采用"产品图片+文案"的方式展示,全方位展示一个单品,提升单品的转化率。　　　　　　　　　　　　　　(　　　)

(2)一个没有次数限制的机会不能称为真正的机会,越是稀缺的东西,越容易引起消费者的关注,并且形成疯抢。　　　　　　　　　　　　　　　(　　　)

(3)以功能为导向取名可以增加亲近感和趣味性,方便消费者记忆。　(　　　)

(4)店铺公告主要可以做一些店铺声明、紧急信息公告等内容。　　(　　　)

(5)男性消费者比女性消费者对商品色彩、外观和包装等的要求更细致。相反,女性消费者更注重商品的性价比,对于电子数码、汽车、科技等方面的商品主题会更关注。(　　　)

4. 简述题

(1)请列举 5 种促销的形式。

(2)请列举 3 种产品分类的方法。

(3)商品陈列的方法有哪些?

(4)促销主题的确定方法有哪些?

(5)店铺取名的方法有哪些?

项目 4　内容为王——详情页文案

项目综述

以前做淘宝就是打价格战,靠卖得便宜来增加销量,而现在淘宝的同质化现象越来越明显,我们总不能靠"价格战"来经营。于是,不少店铺开始做视觉电商,花更多的心思在店铺装修上,如果打开店铺,你会看到很多像拍大片一样的产品图,这就是他们有意识地打造自己的店铺风格与品牌。那么,如何提高详情页的转化率,得到更多的静默成交? 详情页做好了,就能减轻客服的压力,降低买卖成本。可当下多数详情页文案阅读率都很低,应该如何撰写文案呢?

项目目标

通过本项目的学习,应达到的具体目标如下:

知识目标

➤ 掌握不同模块的文案设计
➤ 理解详情页文案中的营销策略

能力目标

➤ 掌握焦点图、细节图、对比图文案的写作技巧
➤ 能够熟练地将营销策略运用到详情页中
➤ 能够快速捕捉产品的卖点和消费者的需求

情感目标

➤ 对详情页撰写充满热情
➤ 具有勤学好问的学习态度

项目任务

任务1　不同模块的文案设计
任务2　详情页文案中的营销策略

任务1　不同模块的文案设计

情境设计

小涛和小雅负责商品详情页的撰写,对于如何让商品详情页更具吸引力,能更加精准地抓住消费者的心理,两人产生了分歧。小涛认为我们要以"视觉"为王,只要图片好看就可以了,不需要过多的文字赘述。小雅则认为应该以"内容"为王,图片为辅。两人吵得不可开交。

小涛和小雅还在争论不休,张主管过来解围,并解释道:"店铺商品的详情页是直接决定交易能否转化成功的关键因素,我们应该通过图片将产品卖点最大化地展示出来,并结合简洁的文字介绍,这样才能提高产品的转化率。"

任务分解

本次的任务是掌握不同模块详情页的文案设计,学习设计更具吸引力的文案。本任务可以分解为3个活动:焦点图文案、商品细节图文案、对比图文案。

活动1　打造焦点图文案

活动背景

随着我国网络购物的蓬勃发展,在网上开店的商家不断增加,网店竞争日益激烈。网店如何在这个激烈竞争的市场中立于不败之地,有很多方面需要研究。消费者在浏览商品时只会注重第一眼的感觉,如何能让消费者第一眼对商品感兴趣,吸引其目光和注意力,是每个卖家都需要思考的问题,此时不得不谈及焦点图文案。接下来就让我们一起走近焦点图文案,了解它的作用和标准。

活动实施

1. 焦点图文案

焦点图是指能够体现商品全貌的图片,最好是不同角度、不同颜色,能够完美展现商品信息的图片,如从商品的正面、背面、侧面来展示商品的图片。焦点图应在商品详情页中最显眼的位置,一般是最上方,通过图片的方式来推广店铺的产品,具有一定的视觉吸引力,最容易引起到访者的注意和点击欲。

在焦点图文案中要提炼出商品的卖点,以吸引消费者的眼球。一般来说,要把商品最主要的功能和特点都提炼出来,以实景图片+文字的形式对商品的特点加以重点展示,突出商品的优点。

2.一个好的焦点图文案的标准

(1)图片

清晰直观的图片可以明确地展示产品的特点,是商品详情页中至关重要的元素,图片和文字一起构成商品详情页的内容。商品的详情页需要文字来进行必要的解说,但是主要吸引消费者的还是图片。如果忽略图片而采用大段大段的文字描述,会降低商品的吸引力。商品详情页的图片要使用实拍图,不能盗用他人的图片或使用一些像素较低、模糊甚至有水印的图片,如图4.1.1所示。

图4.1.1　产品展示图例

(2)布局

布局对于焦点图来说非常重要,其目的是将所有要体现的内容有机地整合和分布,达到某种视觉效果。规划合理的布局能使页面形成一定的视觉引导效果,具体来说,就是运用各种设计手法,引导消费者的视线,"带领"消费者了解更多的商品和店铺信息,从而增大消费者下单的可能性。常见的布局有两种:左右式和上下式,左右式布局如图4.1.2所示。

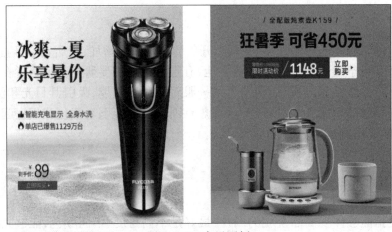

图4.1.2　布局图例

（3）文字

当消费者点击商品进到店铺后，商品展示要快速地切换到焦点图的环节，通过让消费者看焦点图，迅速吸引和抓住他的眼球，使他明白商品是什么，商品的使用对象是谁。什么能够引发消费者的兴趣？引发兴趣的焦点图可以是热销盛况、产品升级，或者是买家的痛点等，因此焦点图的文字应该用最短时间凸显卖点、激起消费者的停留和购买欲望，如图4.1.3所示。

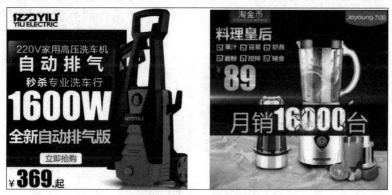

图 4.1.3　文案图例

想一想　上网查找商品的焦点图文案，与同学分享你最喜欢的文案。

活动小结

小涛和小雅通过学习了解到，焦点图文案是以文字、图片的方式，最大限度地将商品的卖点展示出来，让消费者在了解商品各项信息的同时，延长在网页的停留时间，间接引导消费者下单，提高店铺的转化率。因此焦点图文案至关重要，不容小视。小涛和小雅掌握了制作焦点图文案的三个要求：图片、布局、文字，三者缺一不可。

做一做　请你为虎牌儿童保温杯和贝德玛卸妆水设计焦点图文案，如图4.1.4所示。

图 4.1.4　品牌保温杯和卸妆水

活动2　制作商品细节图文案

活动背景

美国广告学家 E. S. 刘易斯在 1898 年提出 AIDMA 模型,将消费者购买心理分为五个阶段:引起注意、引起兴趣、唤起欲望、留下记忆、产生购买行为。如果访客在购买的过程中没有被吸引,很容易流失。据研究表明,人们通过各种感官接收的外界信息比例如图 4.1.5 所示。

图 4.1.5　信息比例图

由图可知,人们在绝大多数情况下都是通过视觉形成对商品的第一印象。商品视觉是吸引消费者购买的前提,这一点对于电商来说尤其重要,因为在消费者产生购买行为之前,商家首先需要通过视觉冲击来引起消费者的注意,让消费者对商品产生较为积极与肯定的第一印象,这样才能唤起消费者对商品的兴趣和消费的欲望,有了购买冲动以后,消费者才会产生明确的购买动机。那么,怎样才能引起消费者注意呢?

活动实施

如图 4.1.6 所示的同款钱包,你会选择购买哪一个?

图 4.1.6　钱包

相信大多数人会选择第二个,因为它"看起来质感好",所以质量也"不会差"。这便是视觉对于营销的作用。人人都有一颗爱美的心,美好的事物总是能吸引人们的眼球,获得人们的信任。其实这两张图是同品质、同价格的商品,不同之处在于拍摄的角度和搭配。

好的产品主图是吸引客户的第一标准,顾客通过好看的主图和具有吸引力的标题点进店铺,这是促进成交的第一步。如果顾客点进产品而且认真翻看产品的详情页,恭喜你达到了促进成交的第二步。如果我们的详情页打动了顾客,那么你就很好地成交了这一单。细节图是详情页的核心竞争力,想要设计出好的详情页,细节图必须满足以下条件。

1. 使用简单的词汇

撰写商品详情文案时,我们的任务是沟通,而不是炫耀文采,因此必须避免使用华而不实的词汇或句子。尤其是进行产品功能描述时,更应该以简洁为主。如图4.1.7和图4.1.8所示,简明扼要地将产品的功能介绍给客户。

图4.1.7　风扇文案

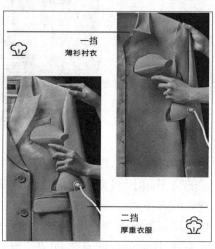

图4.1.8　熨斗文案

2. 图文搭配合理

商家在撰写商品详情页文案时,图文搭配合理,简洁的词汇与图片结合起来,让买家一目了然。如图4.1.9所示为电饼铛销售页面。

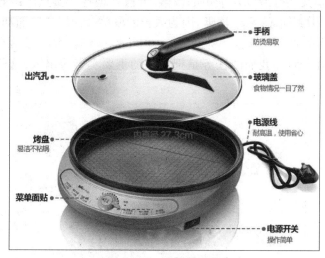

图4.1.9　电饼铛文案

一般在电商店铺中,详情页以物为中心时,大多数以产品图片为主,进行商品功能解析,从而展示出产品的性能。相对于纯文字的描述,以下这种描述方法更能吸引消费者关注。下面就来看一则商品功能解析详情页图,如图4.1.10所示。

图 4.1.10

对于功能性产品,绝大多数都是采用图文结合的方式,好处在于在展示产品功能时,辅以少量的文字标注,可以增加消费者对商品功能的了解,并且在视觉上有一定的吸引力,引起消费者的关注。

用户浏览网页的注意力集中时间一般也就几秒,因此图片广告上的文字应该用最短时间切入主题、激起用户的点击欲望。设计细节图时要顺应用户的浏览习惯,不能到处是焦点。在设计详情页时还应该讲究实用性,不要将网店页面设计得五花八门。利用巧妙的文字和图片说明,让消费者容易了解产品,从而方便消费者快速找到商品、下单和获得帮助。

3. 卖点清晰

将整篇商品详情文案打散成几个短的段落,分段处理各个卖点。最好每个段落对应一个产品卖点,段落应做到简短,条理清晰,因为太长的段落会让用户望而却步。

如图 4.1.11 所示,产品的卖点不止这三点,但不能一一列举出来,因为列举太多,消费者可能一个都记不住,所以,我们的任务是把产品的主要卖点写出来,这些卖点必须是用户愿意为之掏钱的。

图 4.1.11   江博士童鞋卖点

如何为产品挑选卖点呢?

为产品找有说服力的卖点,其实是一个删繁就简的过程。筛选卖点的方法很简单,只要想想你如果向朋友推荐这款鞋子,你会怎么说。当然,在朋友面前大家肯定不会乱加大量的广告修饰词,而是直接用简明的语言说出最重要的卖点,如图 4.1.11、图 4.1.12 所示。

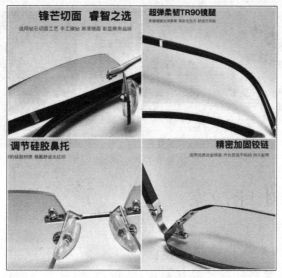

图 4.1.12　眼镜卖点

通过图 4.1.12 可知,展示产品的细节时,文案需要围绕一个个小细节的图片进行叙述,一般文案需要精简、具有真实性。细节图是产品的核心竞争力,例如一款眼镜,买家最看中的就是它的材质、镜腿、鼻托,买家浏览页面时也会注意这几点。清晰的图片加上简洁的文字叙述,更加能吸引买家的注意。同时细节的描述有两点注意事项:一是挑选质感较好的图片;二是尽量使用拼图减少篇幅。

我们要清楚,设计详情页的目的不是卖弄文笔,而是推销产品,让消费者认识产品、了解产品特性,让产品特性能满足消费者的需求,能引起消费者的情感共鸣等。消费者觉得文案好,最主要的原因是文案中有东西能满足他,既然满足了他的心理需求,那么他自然也就会买文案中所宣传的产品。可见,产品才是电商文案创作的出发点,让买家满意,才是电商文案创作的核心。

想一想　详情页细节图的重要性有哪些?

活动小结

小涛和小雅通过学习了解到:制作详情页细节图时要使用简单的词汇,图文搭配要合理,卖点要清晰。

做一做　小玉是电商专业一年级的学生,家里从事海产品经营。她想开一间淘宝店分销家里的海产品:海马、瑶柱、花胶,如图 4.1.13 所示。因为她目前所学专业知识有限,想请同学们帮忙设计,要求如下:
①为产品添加广告文字。

②对产品进行描述。

③为产品撰写一段宣传文字。

图 4.1.13　海产品

活动 3　设计对比图文案

活动背景

消费者在购物时经常将同款产品作对比，从价格、质量等方面进行比较。设计详情页时，我们也应该考虑到这一点，从消费者的角度出发，把消费者最关心的点进行对比，将产品的核心竞争力展示出来，从而更好地展示产品的优势。

活动实施

图 4.1.14　商品功能对比图

当我们在线上购物时，经常看到产品功能或者材料的对比图，画上一个个的"√"和"×"，仿佛买家秀和卖家秀的既视感，如图 4.1.14 所示。

在设计详情页时，按惯例对比同类别的产品，快速搜集竞品信息，找出差异化优势进行提炼。放大优势形成强烈的反差效果，突出好与坏、恶与善、美与丑，方便读者在比较中分清"好坏"。对比法运用得好，可以大大缩短消费者输入支付密码的时间。

对比肯定有参照物，接下来根据参照物的不同，从消费者利益和心理对比两方面进行探索。

1. 产品质量对比

我们常常看到产品图片的对比，如图 4.1.15 所示。

这是破壁机对比图文案截图，主要是拿同类破壁机杯体的用料进行对比，强调自家的用料好、坚硬，但是消费者不知道高硼硅玻璃是什么材质，对消费者有什么影响。很明显，并不能打动消费者的心。从营销者的角度只完成摆出事实依据的环节，并没有让消费者从心里认为你的东西就是好的。

图 4.1.15　产品质量对比图

怎么进行优化呢?

对于产品的质量对比我们可以分为以下步骤:

找到不同点—特点—利益点分析给消费者带来什么好处,如图 4.1.16 所示。

不同点	特点	利益点
高硼硅玻璃杯	环保、耐高温低温、造价贵	更健康和安全
普通钠钙玻璃杯	造价便宜、高温下产生有毒物质	便宜

图 4.1.16　质量对比

根据分析可知,设计详情页时可以加入以下文案内容:

高硼硅玻璃杯体由 5 层复合材料组成,硅含量是普通钠钙玻璃杯的 10 倍以上,极耐高低温。

事实证明,除了有理有据地告诉消费者区别对比对他的好处外,我们还要减少用户的思考时间,这样的对比才能产生实际的意义。

2. 产品使用效果对比

除了拿同类商品作对比之外,我们还可以拿效果作对比,如图 4.1.17 所示。

图 4.1.17　使用效果对比图

通过豆浆的过滤效果,"8 叶精钢刀"的威力一目了然,让你不得不选择它。

其实,作效果对比的最好方法就是买家秀,如图 4.1.18 所示,将清洗前与清洗后的衣物作对比,凸显产品去污效果好,从而增加消费者的购买欲望。在设计详情页时,我们不妨展示买家秀的图片,会达到意想不到的效果。

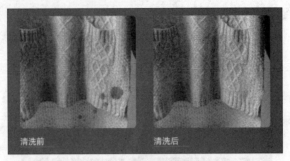

图 4.1.18　买家秀

3. 新旧产品升级对比

　　每一个新产品推出时,都可以说是先进的,但是在经过一段时间之后,技术在进步,如果你的产品不进步,那么很容易就会失去用户。不针对用户的需求进行相应的迭代,那么很快就会被其他的产品所代替,用户也会被抢走。技术进步的同时,也促使了产品的迭代。

　　同时用户需求在不断提高。用户消费水平越来越高,对产品的要求也越来越严格,产品需要不断地迭代,才能满足用户的需求。必须不断地给用户带来刺激和惊喜,让用户觉得这个产品是为他量身打造的,满足他的切身需要,才能让用户愿意长期使用,提高用户的黏性。

　　产品做了升级之后,消费者并不了解,这时候就需要花点心思,抓住消费者心理,找到差异点,进行对比说明,如图 4.1.19 和图 4.1.20 所示。

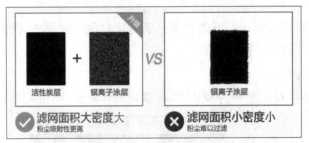

图 4.1.19　产品升级对比图(一)

图 4.1.20　产品升级对比图(二)

想一想　在详情页中添加对比图文案有什么作用?

活动小结

小涛和小雅通过学习知道了详情页对比图有以下几种情况:产品质量对比、产品使用效果对比、新旧产品升级对比。小涛和小雅将之前做的详情页设计进行修改,引流效果不错。

做一做　面对日益激烈的竞争,很多年轻人不得不选择离乡到外地工作,但家中的老人日益衰老。某款针对老年人的健步鞋如图 4.1.21 所示,虽设计舒适、安全,但价位比较高,父母自己往往舍不得购买。而不少远离家乡的儿女不愿父母再穿没防护功能的老式布鞋,如图 4.1.22 所示。请将这两款产品作对比,创作出适合的电商文案,打动消费者,激发消费者的购买欲望。

图 4.1.21　健步鞋　　　　　　　　　图 4.1.22　老式布鞋

任务 2　详情页文案中的营销策略

情境设计

小涛和小雅经过一段时间的实习,已经掌握了产品的运营技巧,详情页的制作也越来越熟练。这时张主管提出一个要求,要在详情页文案中添加一些营销策略。小雅跟小涛抱怨:"营销策略在首页广告中添加就可以了,为何还要在详情页中添加呢? 画蛇添足。"小涛说:"这你就不懂了吧,详情页中添加营销策略,才能抓住顾客的心呢!"应该添加什么样的营销策略呢?

任务分解

本任务是掌握详情页文案中的营销策略,其主要内容包括制造紧迫感、潜意识引导、实力展示。

活动 1　制造紧迫感

活动背景

消费者在购买产品时,总会抱有一种侥幸心理,总会觉得产品价格肯定还能再低一些,于是想再等一等。其实卖家往往都是处于被动地位,客服说尽产品的好处,费尽力气地劝说,消费者依然无动于衷。这时候我们不妨制造一些紧迫感。因为越来越多的消费者有一个明显心理,喜欢稀缺产品,如果电商抓住这一点,在详情页上给消费者制造紧迫感,强调产品的稀缺性,更容易促使消费者滋生购买产品的想法,从而获得销量。

活动实施

到底该怎样做才能制造出紧迫感呢?其实很简单,只需将"活动"与"促销"搭配起来用即可——利用活动抛出促销,并设定活动规则,在规则中体现出活动时间不长、需要消费者加紧购买等信息来刺激消费者,让他们产生如果这次不买就亏了的感觉。

下面就来看几则制造紧迫感的视觉文案示例,如图4.2.1所示:限时抢购、拍下立减、限量送好礼、抢第2件1元等。

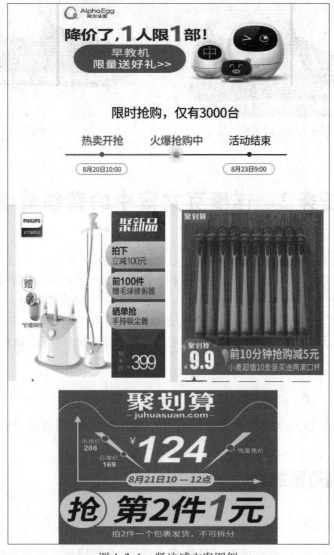

图4.2.1　紧迫感文案图例

　　通过图4.2.1的示例我们可以看到,图片+文案的视觉效果,辅以"限量""抢""最低价"等信息刺激消费者,使他们产生紧迫感,感受到产品的优惠力度。

　　当顾客得知他们现在不买产品,可能失去某些利益时,例如"前100件赠毛球修剪器""抢第2件1元""限时抢购",顾客必然或多或少会产生购买欲望,这显然比直接告诉他们产品有多么好更具吸引力。但是要注意,制造紧迫感最好是和店铺活动相结合,否则,容易引起顾客的不安,甚至怀疑。

想一想　你在生活中遇到过商家制造紧迫感的事例吗?

活动小结

　　小涛和小雅通过学习,了解到在详情页中添加营销策略是必不可少的,制造紧迫感是商家常用的策略之一,制作详情页时加入"限量""抢""最低价"等信息可以增加消费者的购买欲望。小涛和小雅将这个消息告知了张主管,获得了张主管的赞扬。

做一做　以小组为单位,请为商品"雅培心美力奶粉"设计活动,营造紧迫感,如图4.2.2所示。

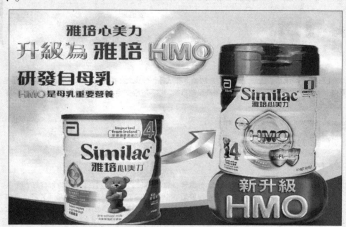

图4.2.2　雅培心美力奶粉

活动2　潜意识引导

活动背景

　　详情页中我们经常看到"明星推荐""好评不断""断货王"等,这些词语都间接地引导消费者——这款产品你值得拥有。在详情页中进行潜意识引导,对店铺的整体引流有重要的作用。相信很多同学都会疑惑,应该怎么引导呢?

活动实施

　　进行潜意识引导,常用的方法有:买家评论和关联营销。

1. 买家评论

在详情页里一般会存在买家评论,而电商企业常常会选取买家好评放在详情页上,这实际上就是在潜意识引导消费者购买产品。在通常情况下,消费者在查看某样产品的详情页时,往往是带着购买的心思来翻看的,但不一定购买,因为他们要货比三家或者从详情页中寻找一定要购买此产品的理由。

而买家评论就是为消费者确立购买理由的重要因素之一。所以写得好且看上去又非常真实的买家评论,很容易强化消费者的购买欲望。上传有颜值的图片评价,能更好地提升销售转化,也就是我们常说的买家秀。买家秀是指买家拍下自己使用产品的照片并将之加到评论中,这是很多消费者最喜欢参考的依据之一,因为店铺里的详情介绍、评价、模特照,多少会跟实际有所差别,而看买家秀就是辨别商家展示产品与实际情况差别的一个好方法,如图4.2.3所示。

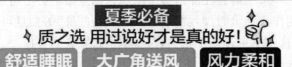

发货快,快递也快,头天早上买,第二天下午到。收到就装起来了,小巧轻便,不占地方,试了试,1挡基本没有声音,风力柔和,比较适合我,2.3挡风力适中,适合他,很喜欢。

苹果收到了,每个苹果都很新鲜,没有坏的,包装得非常好,个头大小很均匀,我们办公室的同事都吃了,不错,酥脆可口,口感酸酸甜甜的,表皮没有打蜡,吃着放心安全,洗干净直接就吃了,味道很好,吃完还会来的,还会回购的哦。

2019-08-17 15:57:37

[追加评论] 苹果收到了,脆脆甜甜的,水分很足,口感不错,苹果包装得特别特别仔细,个头均匀,每一个都非常新鲜,颜色看起来也很好看。到家就吃了一个,嘎嘣脆甜,汁又多,果肉丰厚,果心小,皮薄多汁,更有种淡淡的水果清香,而且不打蜡,原生态有机产品。价钱也合适,比超市的性价比高太多啦,真棒。

确认收货后当天追加

图4.2.3　买家评论

买家评论主要的作用在于:

①表明实物与产品详情页相符,加强详情页描述的可信任度。

②更真实,更有说服力,打消消费者下单顾虑,潜移默化提升销售转化。

③展现产品人气,然后加强产品与客户之间的互动,协助打造出网店爆款。

2. 关联营销

关联营销也是潜意识引导的一种方法。点开任意一款产品,尤其是服饰。进入产品详情页会发现产品的详情页中存在一个区域,里面并不是介绍本产品的,而是展示了店内一些其他的热销产品。如在卖牙刷的详情页界面中展示了洗护用品,如图4.2.4所示。

有时候,客户进入我们的产品详情页,可能没有买最初选择点击进来的图中的产品,而是发现详情页中的其他产品是自己喜欢的,就下单买了;也可能客户本来想买这款产品,却看到了另一款也很喜欢就一起买了。那么,这款顺带销售的产品就是关联销售产品了,如图4.2.5所示。

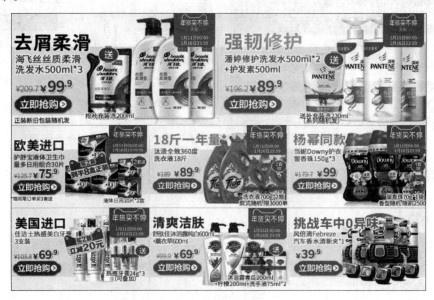

图 4.2.4　洗护用品展示

图 4.2.5　关联销售

在有限的流量里,最大限度地提高产品的曝光率,这样我们的产品才能让更多的客户看到、了解到。做好潜意识引导,相当于有效地利用了我们的流量资源,一款产品带来的客户同时可以跳转到好几款产品中。如果利用好关联销售,不仅可以提高一款产品的销量,甚至还能带动店铺其他产品的销量。这就是我们以前经常说的用爆款带动其他产品销售的原理。

除了以上两种常用的方法外,我们还可以放置产品的收藏图,引导消费者产生一种"是不是需要收藏它呢?"的想法,如图4.2.6所示。消费者在不确定是否购买时先收藏产品,以备后续的选购下单。除了收藏之外,我们还可以尝试产品的试用,在免费试用的引导下,也会增加消费者的购买欲望,如图4.2.7所示。

图4.2.6　收藏图　　　　　　　　　　　　图4.2.7　免费试用

想一想　消费者收藏店铺对商家有何好处?

活动小结

　　项目经理告诉小涛和小雅,除了制造紧迫感,还可以潜意识引导消费者购买,例如挑选优质的买家评论、关联营销、放置"点击收藏"按钮等。小涛和小雅听后如获至宝,找出之前的设计图,重新进行修改。

做一做　分小组进行讨论:除了以上方法外,你还能想到什么方法可以潜意识引导消费者购买商品呢?

活动3　实力展示

活动背景

　　详情页中,除了展示产品的内容和活动之外,还应突出企业优势,可以树立买家的信任感,打消买家的疑虑,进而促使买家产生购买行为。企业的优势可以通过企业的生产能力、仓储能力、快速物流能力等来展示,给买家以踏实感。企业实力就是货源稳定的保障,就是买家的定心丸。

活动实施

　　不管是线上还是线下的企业,实力展示都是必不可少的。雄厚的实力能给消费者一种安全感、信赖感,毕竟企业实力是需要日积月累的努力才能累积起来的,一般实力雄厚的企业都会具有一定量的忠实消费者。

　　下面就来看几个在详情页中展示企业实力的示例,如图4.2.8所示。

　　通过图4.2.8我们可以看到,证书、实体店、品牌故事等都具有展示企业实力的功能。需要注意的是,证书不要放得过多,也不要放消费者看不懂的证书,消费者不会一一查看证书的内容,并且对于不是耳熟能详的证书,消费者会产生诸如"有这个证书吗?""这是做什么的?"等质疑。图片放置太多,还会影响详情页打开的速度。

图 4.2.8　企业实力展示图例

想一想　关于详情页中的营销策略,你有更多的想法吗?

活动小结

小涛和小雅向张主管了解了企业的品牌故事,并前往公司的门店、仓库进行拍摄,将拍摄好的照片添加到详情页。小涛对小雅说,消费者在购买产品前可以了解品牌故事和企业实力,能够增加消费者的安全感和信赖感,从而提高转化率。

做一做　本项目介绍了三种详情页中的营销策略。请根据所学内容为某款手机设计详情页,如图4.2.9所示。这款手机的特点见表4.2.1。

图4.2.9　手机图例

表4.2.1　产品参数

产品名称	手机	型　号	iPhone 11Pro
品　牌	Apple	屏幕尺寸	5.8 in①
颜　色	5种颜色	操作系统	iOS
后置摄像头	后置三摄	电池类型	不可拆卸式电池
前后摄像头	1 200万像素	CPU	A13
存储容量	64 GB	价　格	8 699元

项目总结

　　详情页是展示产品的舞台,也是与其他商家竞争的主战场,详情页主要的任务是将产品细节化、全面化地展示给消费者,为消费者提供最全面的产品信息。在各大电商平台,吸引人们眼光的是商品的主图,但真正促成转化的是详情页。对于产品而言,详情页的内容尤为重要。在制作详情页时,针对不同模块要熟练运用焦点图、商品细节图、对比图文案的写作技巧,同时,在此过程中要将营销策略运用到详情页中去,最终达到提升产品转化率的效果。

项目检测

1. 单选题

(1)下列说法正确的是(　　　)。

　　A. 在设计详情页时,只能使用一种字体颜色

　　B. 详情页中应尽可能地使用多种字体和字号,强化页面内容,提高转化率

———————————

① 1 in=2.54 cm。

C. 详情页中重点的部分要放大突出,字体颜色不宜过于复杂

D. 详情页中的设计与产品没有关系

(2)下列关于产品详情页的表述,错误的是(　　)。

A. 产品详情页是一个向顾客详细展示产品细节与优势的地方

B. 顾客是否愿意在店里购买,很大程度上取决于产品详情页

C. 产品详情页中最核心的内容是产品

D. 产品详情页中包括 Logo、店招、客服中心、店铺公告、产品分类等

(3)关于焦点图文案,下列说法正确的是(　　)。

A. 焦点图一般放在详情页的中间

B. 焦点图是指能够体现商品细节的图片

C. 一个好的焦点图文案标准包括图片和文字

D. 焦点图文案中主要提炼商品的卖点

(4)制造紧迫感最好是和(　　)结合起来。

A. 店铺活动　　B. 品牌　　　　　C. 企业实力　　　D. 实力展示

(5)关于买家评论的说法错误的是(　　)。

A. 表明产品和实物与详情页相符,加强详情页描述的信任度

B. 更真实更有说服力

C. 展现产品的人气和销量

D. 买家评论真实性差,可有可无

2. 多选题

(1)详情页的营销策略主要包括(　　)。

A. 制造紧迫感　B. 潜意识引导　　　C. 实力展示　　　　D. 买家评论

(2)设计对比图文案时,可以将以下(　　)作为对比。

A. 产品质量　　B. 使用效果　　　　C. 新旧产品　　　　D. 品牌

(3)以下哪些是焦点图常见的布局?(　　)

A. 上下式　　　B. 九宫格　　　　　C. 左右式　　　　　D. 多图式

(4)下面哪些属于潜意识引导?(　　)

A. 买家评论　　B. 关联营销　　　　C. 收藏按钮　　　　D. 免费试用

(5)实力展示包括以下几个方面?(　　)

A. 实体店　　　B. 证书　　　　　　C. 品牌故事　　　　D. 供应链

3. 判断题

(1)焦点图是指能够体现商品细节的图片。　　　　　　　　　　　　(　　)

(2)制作详情页时,应尽可能地将所有卖点都罗列出来。　　　　　　(　　)

(3)产品质量作对比时,必须将对方的品牌显露出来。　　　　　　　(　　)

(4)"第 2 件 1 元""限时抢购"等字样在主图中出现就可以了,没必要在详情页中体现。

(　　)

(5)关联营销是潜意识引导的一种类型。　　　　　　　　　　　　　(　　)

4.简述题

(1)查找资料,分别从焦点图、细节图、对比图 3 个方面为小米扫地机器人撰写详情页文案。

(2)查找不同品牌、相同价位的家用投影仪,谈谈它们的营销策略。(例如极米和坚果)

5.趣味挑战题

(1)淘宝详情页中使用什么字体不会侵权?　　　　　　　　　　　　　　　(　　)

　　A.方正字体　　　B.微软雅黑　　　　　　C.迷你字体　　　　　　D.王汉宗自由字形

(2)如图 1—图 4 所示,请为下列产品设计广告语。

图1　倒置饮用器

图2　桌面夹

图3　懒人鼠标

图4　水果切片器

项目 5　巧借东风——店铺促销活动文案

项目综述

　　由于产品同质化严重,竞争越来越激烈,早早发现此苗头的传统企业,已经纷纷转向了"社交电商"。其实,社交电商并非想象中那么简单,玩法也多种多样。如果运营者不会线上运营,销量照样打不开。所以,很多商家会搞各种各样的促销活动,"促销"也逐渐成为企业获取订单和打开销量的一个重要手段。

　　但是,要筹备一场完美的促销活动并不容易,如果策划不好,不仅销量上不来,还会浪费大量的时间、精力和资金投入。然而,整场促销活动就像是一场无硝烟的商家战争,在这里面促销活动文案充当了战争中的"东风",运用好了它,自然就成为最终的获胜者。

项目目标

知识目标

➤ 了解电商平台节日的促销手段,节日文案的特点亮点。

➤ 认识不同类型的促销文案的方式、特点及其作用。

能力目标

➤ 借电商节日活动的主题,学会促销文案的创作思路。

➤ 根据促销主题的不同,能写出店铺不同模块的促销文案。

情感目标

让学生感受电商经典平台节日、品牌日、店庆日和传统节日主题背景,提高学生促销活动的营销意识,强化借势营销的观念,进一步培养学生对于促销广告多样式、创意式的理念。

项目任务

任务 1　借题发挥做促销

任务 2　形式多样博眼球

任务 1　借题发挥做促销

情境设计

由于近期处在电商平台"6·18"年中大促期间,张主管接到很多客户的订单,他分配给小涛和小雅的第一个任务,需要他们跟着设计部的同事着手为本次促销活动设计店铺促销文案。店铺促销的相关理论知识,他们在学校的课程中也有所了解,但是促销期间具体如何开展文案创作,他们确实摸不着头脑。他们两个虚心地向张主管请教促销文案创作思路。

任务分解

本次任务是学会借促销主题、节日之势进行促销文案写作。促销活动从预热到高潮,总是文案先行。可以说,文案在其中扮演了极为重要的角色,既是门面担当,又是勾起共鸣与欲望的小能手,一步步引导消费者从走心到走钱包。

本任务可以分解为 3 个活动:经典电商购物节,节日流行新风尚,店庆日或店铺间合作。

活动 1　经典电商购物节

活动背景

当今是网络经济发达的时代,网上购物对现代人来说早已不陌生。而为了吸引更多顾客,各大电商平台也开展了花样繁多的优惠、让利、促销活动,一年到头那些规模盛大的电商购物节就是例子。每个商家都想从中分一杯羹,促销文案想达到比较理想的效果,其创意与运用方法必须十分讲究。

活动实施

1. 电商平台促销手段

让我们首先来了解一下电商平台的促销手段具体有哪些。

①组合搭配:多品搭配打折、赠送式促销、场景促销(如首次购买包邮、产品第二件半价等)。

②价格式促销:统一标价进行促销、特价促销活动、满额活动。

③文案或故事引导促销:服务附加型促销,如定制减肥计划、产品以旧换新等;故事类促销;保证承诺型,如买了保证会给生活带来便利等;排行榜促销,包括淘宝的排名、产品销售量、好评数;品牌促销方案,品牌宣传语,能够直击用户痛点的宣传文案。

④老客户回馈:试用性促销、客户分级返利,客户累积到一定的购买份额后返现多少,订单满多少减多少,拼单团购促销。

⑤节日纪念式促销:凡节日期间购买,一件8.8折,两件8折,三件或以上7折等。

⑥奖品互动类促销:所谓你敢买我就敢送,买东西送奖品。奖品一定要设置得有足够的吸引力,而且一定要好。

⑦热点事件促销:包括实时热点促销、明星热点促销、附加价值促销。

⑧创意式促销:设置富有创造性的话题进行促销,吸引眼球;设置悬念等达到宣传的目的,进一步进行促销。

⑨季节性促销:每当换季时,进行上季的产品大促销,做到清仓大处理,以免货物堆积。

2. 电商平台经典购物节日

网店要写促销文案不是想到就写,店铺商家要按照全年的电商购物节提前规划好促销方案。事前准备预热阶段,就要完成促销文案的撰写。下面我们来看一下,全年中电商经典购物节具体有哪些,汇总见表5.1.1。

表 5.1.1 电商购物节

2019 淘宝天猫电商购物节名称	购物节时间
家装新年惠	2019 年 1 月 1 日—1 月 8 日
阿里年货节	2019 年 1 月 24 日—1 月 28 日
天猫母婴进口大赏节	2019 年 1 月 11 日—1 月 12 日
天猫情人节	2019 年 2 月 12 日—2 月 14 日
美妆春光节	2019 年 2 月 25 日—3 月 2 日
开学季	2019 年 2 月 25 日—3 月 2 日
三八女王节	2019 年 3 月 3 日—3 月 9 日
2019 春夏新风尚	2019 年 3 月 22 日—3 月 28 日
出游季	2019 年 4 月 7 日—4 月 12 日
2019 天猫婚博会	2019 年 4 月 9 日—4 月 11 日
儿童生活节	2019 年 4 月 12 日—4 月 15 日
天猫校园季	2019 年 4 月 13 日—4 月 22 日
超级大牌狂欢	2019 年 4 月 18 日—4 月 20 日

续表

2019 淘宝天猫电商购物节名称	购物节时间
我车我 SHOW	2019 年 4 月 19 日—4 月 26 日
423 图书节	2019 年 4 月 21 日—4 月 23 日
天猫男人节	2019 年 4 月 22 日—4 月 27 日
家装 O2O 五一活动	2019 年 4 月 23 日—5 月 3 日
天猫母亲节	2019 年 5 月 3 日—5 月 8 日
5 月春茶节	2019 年 5 月 5 日—5 月 7 日
家装 5 月行业大促	2019 年 5 月 9 日—5 月 13 日
520 表白节	2019 年 5 月 13 日—5 月 20 日
天猫闺蜜节	2019 年 5 月 16 日—5 月 25 日
"6·18" 年中大促	2019 年 6 月 1 日—6 月 19 日
天猫端午节	2019 年 5 月 4 日—6 月 9 日
天猫全球酒水节	2019 年 9 月 9 日
天猫 99 大促	2019 年 9 月 9 日
"双十一" 全球狂欢节	2019 年 11 月 11 日
1212 年度盛典	2019 年 12 月 12 日

3. 促销文案创作思路

店铺促销期间商家想要获得较好的收益,文案创作思路尤为讲究:

①首先,考虑节日促销特点,以促销活动为主,涉及多种优惠手段,包括降价、打折、满减、包邮、抽奖、优惠券、买一送一、限时抢购、提前预售等,在写文案的过程中,可以选择其中一点作为主题,着重突出促销的亮点。

②其次,善于挖掘并提炼产品或品牌的诉求点,包括功能、外观、工艺、使用情况等方面,选择合适的角度与促销主题进行结合,使得文案既有促销节日的意味又能体现核心的产品点。

③所有的文案创作,都别忘了考虑消费者,因为他们是文案的接收者与解读者,也是最终产生购买行为的对象。洞察消费心理(从众、好奇、求异、求实、归属、恐惧、虚荣、炫耀等)与购买动机,在用词达意上仔细斟酌;迎合当前的流行趋势,使用消费者喜闻乐见的表述方式,如此一来,创作的文案才能更加贴近消费者,从而引发内心的共鸣。

④在促销文案里面,可以融入外部的环境、场景等创作元素。比如换季、降温等,对于衣服、鞋子之类诸多受天气环境影响的产品/品牌来说,意味着全新的主打产品上线,文案随之改变诉求。因此,要多加留意产品的适用环境,善于结合当下的时令特点进行文案创作。

⑤借势宣传,例如"双十一"光棍节,可巧借"单身"这一主题。但并不是所有产品文案

都适用,切勿为借势而盲目嫁接主题,必须确保两者之间有契合点。

由此,文案创作思路可以归纳出一条公式:

促销文案=促销点+产品点+(消费者心理)+(外部场景)

4.经典电商购物节促销文案案例分析

在前面项目 3 的任务 3,店铺首页文案里面介绍了促销海报文案,在这里就不多说了,店铺促销文案主要是以促销海报为主,另外还有一些模块会出现促销内容,将在本任务另外两个活动中介绍。以下列举两个经典电商购物节的促销海报,详情如下。

如图 5.1.1 所示,是一间专营旗袍服饰的天猫店铺在"6·18"年中狂欢购物节的促销海报。我们按照上述的写作思路分析可得出:"国潮来袭"四字正是结合产品特色提炼的卖点关键词,除此之外,促销活动的优惠手段和促销时间也需要注明,当然,"6·18"活动主题字样也是要有的。

图 5.1.1　"6·18"促销海报

如图 5.1.2 所示,淘宝店铺的"双十一"促销海报,"决战双 11""疯狂抢购"带出了"双十一"促销点,促销活动主题鲜明,抓住消费者求实购物的心理,用抢优惠券的形式吸引用户,"限时抢购"充分调动了促销时间的紧迫感。

图 5.1.2　"双十一"促销海报

活动小结

小涛和小雅大概理解了促销文案的创作思路,为了更好地完成接下来的实习任务,他们还主动收集了一些促销文案案例去深入研究和对比,张主管对他们的积极态度大加赞赏。

做一做　以经典的电商阿里"双十一"购物节为促销主题,为一款你喜欢的商品写促销海报文案。

活动 2　节日流行新风尚

活动背景

正所谓师出有名,电商平台要达到自己的运营目标,往往会借助节日促销来开展主题活动,除了经典电商购物节以外,中国传统的节日也会成为网店商家借势营销的机遇。

活动实施

如此一来,写节假日促销文案成为文案人员的基本功。一般而言,首先我们要从以下三个方面做好分析:

1. 中国传统节日

中国传统节日是传承优秀历史文化的重要载体。传统节日既使人们在节日中增长知识,受到教益,又助力于商家借节日之势开辟新的销售模式。如图 5.1.3 所示,为中国的传统节日举例。

节日名称	节日时间
春节	正月初一
元宵节(上元节)	正月十五
土地诞(龙抬头)	二月初二
上巳节	三月初三
寒食节	清明节前一天
清明节	阳历 4 月 5 日前后
端午节	五月初五
七夕节	七月初七
七月半(中元节)	七月十四/十五
中秋节	八月十五
重阳节	九月初九
寒衣节	十月初一
下元节	十月十五
冬至节	阳历 12 月 22 日前后
腊八节	腊月初八
祭灶节	腊月廿三或廿四
岁除(除夕)	腊月廿九或三十

图 5.1.3　传统节日举例

正是根据以上传统节日举例的时间,商家会做好年度促销计划,除夕、春节主打"年货节",端午节主打产品"粽子飘香",七夕节化身为"浪漫情人节",中秋节是应节产品"月饼"的主战场。

2. 节假日促销文案出现在店铺不同模块

节假日促销文案除了上一个活动中讲到的出现在促销海报中以外,当然在一些店铺的详情页、主图文案和产品标题等模块中也会出现。

如图 5.1.4 所示,五一劳动节"欢乐购"就是抓住求实惠心理,"1 元 HIGH 翻天"低价促销的字样特别明显。在商品陈列区中,促销价格也是使用"欢乐价"来呈现。

图 5.1.4 劳动节促销

如图 5.1.5 所示,暑假是学生、教师群体的一个假期,炎炎夏日,商家也会根据产品特性提炼商品卖点,配合暑假期间的场景特性,同样是以夏日"冰点价"低价促销这种宣传形式,配合满减、会员优惠等活动,将优惠手段组合成整体促销形式。

图 5.1.5 夏日促销

图 5.1.6   七夕节海报

如图 5.1.6 所示,借助传统的七夕节,打造浪漫的情人节氛围,为一些应节的产品营造了很好的销售氛围,同样类型的促销海报不仅可以放在商城的首页、店铺的首页,也可以加在产品详情页上方,以焦点图形式呈现。

3. 节假日促销文案主要类别

(1) 直接表明优惠

任何辞藻华丽的文案都不如告诉消费者能省钱的文案实在,这类文案往往直接用优惠信息作为标题,用所能使用的最大字号标明"全场×折起""买××送××"。

由于消费者十分关心优惠信息,所以写这类文案时,应该尽量在设置优惠信息中下功夫,文案制作上则没有太多的技巧可言,突出优惠力度,并结合节日特点用节日素材来衬托文案即可,如图 5.1.7 和图 5.1.8 所示。

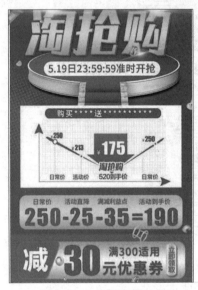

图 5.1.7   优惠信息(一)

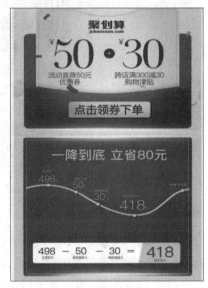

图 5.1.8   优惠信息(二)

(2) 攻略清单型

根据节假日特色活动,列出各种攻略、清单以满足消费者的需求,也是一种常见的节假日促销文案,通常投放于各类社交媒体,典型的例子有"国庆假期出行清单""情人节大变身"等。

这类文案的主题十分鲜明,有很强的目的性,创作时能抓住文案中的关键词是重点,只要抓对了关键词,再配合一些相应的节日素材进行搭配,为消费者营造出身临其境之感,往往就容易获得比较好的传播效果,实现刷屏也并不是非常难的事情。

(3) 立刻行动型

节假日促销文案同样需要如此,不仅要告诉用户假期时间有限需要赶紧行动,文案中还要加入动词,传达给用户行动信息,如:"国庆狠抢 72 小时""元旦特价机票今天 8:00 免费抢""世界那么大你需要去看看"等,要调动消费者的行动意识。

通过以上描述,此类文案要注意的事情也就很明显了:要突出动词,同时,要注重动词与时间素材的结合。

活动小结

小涛和小雅不仅理解了促销文案的创作思路,也掌握了不同类别的借势营销文案的写作技巧。为了更全面地认识促销文案的写作技巧,他们两人学习的步伐一直未停止,张主管大大肯定了他们认真工作的态度。

做一做　如图 5.1.9 所示,为暑假出游专属打造的夏日防晒产品,图片中展示的促销文案属于哪种类别? 你能写出类似的促销文案吗?

图 5.1.9　防晒产品促销文案

活动3　店庆日或店铺间合作

活动背景

与节假日促销类似,店铺还可以将每年特定的一天变成自己专属的促销节日——店庆日。就一般经验而言,一家淘宝店铺要做好一场店庆活动,除必须配合店庆主题活动做好促销方案外,还要和不同店铺合作,共同打造更强大的节日宣传效果。

活动实施

店庆日、品牌日或者商城店铺间跨店购物满减、满送活动,一般都需要注意以下 5 个方面:

1. 店庆时间

在选定店庆促销时间时,最好避开有全网性促销活动的时间段,如"双十一""6·18"等。一是在这些时间段已经有非常好的营销点,所以应该将店庆日改为缺乏营销话题的日子;二是彼时大家都在拼命做促销活动,即使你叠加店庆也不会显现出更好的促销力度,还是将店庆日改为平常的日子好一些。

2. 店庆力度

消费者的购物热情常常会被商家的优惠活动点燃,既然店铺想通过店庆这种形式进行促销,那么在喜庆的日子就不应该吝啬,应该拿出最大的让利力度,不痛不痒的折扣是很难刺激消费者马上下单的。大一点儿的店铺全场 5 折是常有的事情,而一般的小店铺没有那么多经费支持,可以选择一两款产品进行低价促销。

3. 店庆气氛

实体店做店庆促销时要挂横幅、张灯结彩营造气氛。淘宝店铺同样也要为店庆而"装修",以营造喜气洋洋的节日气氛,如图 5.1.10 所示,消费者都是感性的,往往会为卖家的这些举动所触动,下单的概率也会更大。

图 5.1.10　店庆促销

4. 推广渠道

自己做好准备还不够,还要让更多的消费者知道你已经做好了店庆的准备,卖家要告知店庆时间、优惠力度、参与方式。流量是非常重要的,想要获得更大的流量,常见的策略为:在店铺中挑选一两个有"爆款"潜质的商品,设置成最低价,然后购买直通车或聚划算等展位推广产品,如图 5.1.11 和图 5.1.12 所示。同时,淘宝平台外的信息群发也必不可少,旺旺、微博、微信、手机短信都是必不可少的投放渠道。

图 5.1.11　特价优惠

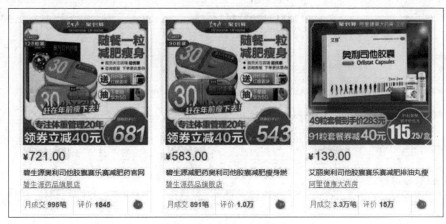

图 5.1.12　聚划算

5.让消费者感到实惠

买家买东西都想买得实惠,卖家要想讨买家欢心,就必须要满足这种心理。

这一步需要紧密的流程设置来完成,如果设计不好,有时即使一件衣服你赔钱卖 9.9 元并包邮,消费者也会认为没有占到便宜。卖家往往需要公开成本与原价,通过"满××件包邮""满××元有赠品"等活动,改变消费者的心理预期,让他们产生很实惠的感觉,如图5.1.13 和图 5.1.14 所示。

4	优衣库品牌团活动公告	2019-7-11

各位亲爱的顾客:

您好!

非常感谢您一直以来对[UNIQLO]优衣库品牌的热爱与支持,优衣库天猫官方旗舰店部分商品(以下简称"活动商品")将于2019年7月12日至7月14日参加"优衣库品牌团活动"(以下简称"品牌团活动")。

为了能够给您带来愉快的购物体验,请您在购买活动商品前仔细阅读以下活动规则:

1、活动期间

2019年7月12日00:00至2019年7月14日23:59,请在活动期间内下单并付款。

2、活动内容

活动商品包邮(活动商品指商品详情页上含有"聚"字样的商品)

优衣库天猫官方旗舰店将在品牌团活动期间对活动商品在中国大陆地区范围内包邮(中国澳门特别行政区需另付邮费),中国香港特别行政区、中国台湾地区及海外暂不实行配送。

3、订单合并及拆分

品牌团活动期间订单量巨大,为了提供更快速、高效的配送服务,系统可能对同一收件人(收件人姓名、电话、地址均一致)的订单进行拆分或合并之后安排配送(如您订单被拆分,您可能需要签收多个包裹)。具体物流信息请您点击订单详情中【查看物流】进行确认。

4、关于付款

付款后商品的库存量将相应减少,请在拍下商品后尽快完成付款,否则商品可能会因库存售完导致订单被取消。

图 5.1.13　优衣库品牌团活动公告

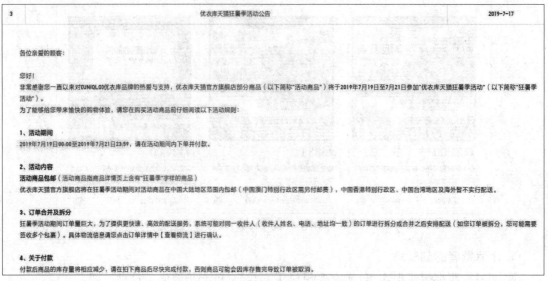

图 5.1.14 优衣库天猫狂暑季活动公告

活动小结

小涛和小雅在本次任务中接触了经典电商购物节、传统节日借势营销、店铺店庆日、品牌日、电商商城跨店合作等形式的促销文案,从文案创作思路到写作要点都有了真实的实操,将为他们下一步学习文案创作提升一个台阶。

做一做 如图5.1.15—图5.1.17所示,请分析一下马可波罗瓷砖的产品标题、主打产品直通车图、宝贝主图的促销文案,就案例里的促销形式,谈谈你的见解或者改进措施。

图 5.1.15 产品标题

图 5.1.16 主打产品直通车图

图 5.1.17　产品主图

任务 2　形式多样博眼球

情境设计

小涛和小雅恍然大悟,了解了促销文案可以借助三种类型的主题进行活动策划。但当他们要执笔开始进行具体策划的时候,小涛和小雅产生了争执。小涛认为,"6·18"活动就应该用价格促销的形式进行,给消费者实实在在的优惠;而小雅则认为谈钱太俗气,应该从服务、奖励等角度来做活动。就在小涛和小雅争执不休的时刻,张主管把小涛、小雅叫进了办公室,语重心长地说:"小涛、小雅,促销活动有多种多样的形式。我们来一起学习一下,看看每一种形式都能带来什么效果吧。"

任务分解

本次任务是要全面了解促销文案的各种形式及其优势,并掌握在不同的应用场景中、面对不同的消费群体,需优先考虑采取哪种促销文案的形式。只有因地制宜、因人而异地采用合适的促销文案,才能发挥其促销的价值。

本任务可以分解为 4 个活动:价格折扣促销文案;赠予型促销文案;个性化服务促销文案;不同载体的促销文案。

活动 1　价格折扣促销文案

活动背景

价格,始终是消费者最关注的消费因素。一件物品除了要有合适的用途、好的质量之外,它的价格还应该是消费者所能承受的消费水平,这样物品才会被交易。那么一旦出现促销活动,消费者就会立刻想到,购物车里那件因价格太高而搁置已久的物品是否已降到可承受的价位了。所以,价格折扣促销文案,是所有促销文案形式中最原始、最基础的。

但是,由于市面上的促销活动层出不穷,商家在促销活动时采用一些抬高原价、降低质量的不良商业行为,使得消费者在价格折扣促销活动中几近失去对商品的信任。那么,为了打消消费者的这种疑虑,价格折扣促销文案就起到了很大的作用。

活动实施

1.价格折扣促销文案的方式

常见的价格折扣促销文案方式有两种:一种是直接折扣型;另一种是立减、满减型。假设现有一家店铺准备做价格折扣促销活动,试试这两种方式会带来什么交易效果,见表5.2.1。

表5.2.1　价格折扣促销活动不同方式交易效果表

方　式	内　容	交易效果
直接折扣型	促销区产品原价8折出售	消费者以160元价格买得商品
立减、满减型	花费满200元,立减40元	消费者以160元价格买得商品

从卖家的角度来看,这两种文案方式带来的交易效果是一样的。消费者都是以一样的价格买得同样的商品。但从买家的角度来看,这两种方式带来的交易感受又是否一样呢?见表5.2.2。

表5.2.2　价格折扣促销活动不同方式交易感受表

方　式	内　容	可能带来的交易感受
直接折扣型	促销区产品原价8折出售	这个商品可能抬高了原价再来打折,我或许并没有得到多大的实惠
立减、满减型	花费满200元,立减40元	这个商品真实惠,足足降了40元,我真是一个明智而又幸运的消费者

为什么会有不同的消费感受? 明明是一样的打折力度,带来的也是同样的让利效果,可是消费者的交易感受为什么会不同? 这就是"错觉折扣"从中起了作用,发挥着它奇妙的折扣魅力。

2.错觉折扣的魅力

(1)什么是错觉折扣

错觉折扣,就是给消费者一个错觉,使消费者感受到消费优惠的行为。那么为什么直接打折就产生不了错觉折扣,而立减、满减就有可能产生错觉折扣呢? 这就取决于消费者的消费习惯。

试想一下,当你在商场里进行物品选购的时候,有两件衣服摆在你的眼前:一件写着"8折出售",一件写着"减40元"。你此时此刻是拿出计算器来,根据衣服的原价去计算8折后到底是多少钱;还是根据衣服的原价直接口算减掉40元得出这件衣服多少钱? 大部分的消费者会倾向于把手伸向"减40元"的衣服。这个现象告诉我们,一个简单粗暴的降价数额与一个需要进行计算的折扣值对比起来,确实更加一目了然。例如,马可波罗瓷砖官方旗舰店采用的就是"满 5 000 减 500"的价格促销,并标明到手价为"￥14/片",让消费者毫不费神地就能够清清楚楚地看到实实在在的优惠,如图 5.2.1 所示。

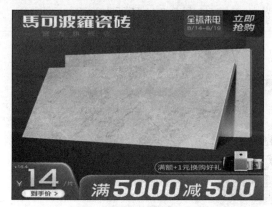

图 5.2.1 马可波罗瓷砖"满减"促销案例

(2)临界价格的应用

临界价格也是"错觉折扣"常用的一种方式,是通过将商品价格限定在某个范围内,提高消费者的满意度,促成交易,实现促销目标。例如,米乐鱼就很喜欢设置临界价格。无论是其最高临界点,还是最低临界点,都采用了保留小数点后两位的方式,把 280 元降为 279.90 元,把 380 元降为 379.90 元。看似降价了,实则只是让利一毛,却能带来消费者满意度的提高,如图 5.2.2 所示。

图 5.2.2 米乐鱼睡袋促销页面

临界价格有两种临界:一种是最高临界价格,另一种是最低临界价格。

①最高临界价格。就是把消费者在店铺里的最高消费价格限定在一个点上。譬如,网店打出 99 元封顶的促销活动,消费者如果原本想用 150 元买一件瑜伽上衣,看到 99 元封顶的活动自然会被吸引过来。再打开看产品首页,发现这个产品原价是 360 元,现在只需要 99 元就能买到,消费者自然会产生极大的购买欲望。这就是利用了一种错觉心理,从而使交易达成,如图 5.2.3 所示。

②最低临界价格。就是把消费者在店铺里的最低消费价格限定在一个点上。设置最低临界价格,真正的目的并不是想以最低价格大量销售产品,而是利用消费者心理的最低限

定,吸引消费者进店浏览宝贝,提高店铺流量和交易的可能性。譬如,众所周知,德尔玛的产品大部分价格都是三位数以上的,但它的促销价竟然低至49元,使得消费者产生一种去看个究竟的想法。但实际上,这种促销文案里低至49元的产品或许就只有一两件,它的真正目的就是给店铺带来浏览的流量,如图5.2.4所示。

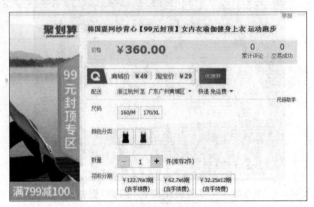

图5.2.3　瑜伽上衣促销页面

图5.2.4　德尔玛促销页面

活动小结

听完张主管这番讲解,小涛感慨道:"原来价格促销不是单单打折这么简单,还有这么些不同的形式,还能营造出这么多效果呀。"张主管说:"是的,并且还要擅用'错觉折扣',这比直接折扣要有效得多。当然,还要记住,所有价格折扣促销方案都要遵守诚信原则,不能对消费者有欺骗行为,这样才能既达到促销目的,又守住品牌形象。"小涛一边听一边做着笔记,恨不得把所有的知识都装进脑袋里。

> **做一做**　小雅的同学有一批女性船袜的库存需要进行清货促销,请你为她写一个简单的价格折扣促销文案吧。

活动2　赠予型促销文案

活动背景

除了价格折扣促销之外,还有另一种常见的促销模式,称为赠予型促销。这种促销行为则是在价格不变动的情况下,消费者购买产品会拥有其他赠品,相当于给消费者另一种方式的优惠,这也是挺受消费者欢迎的一种形式。

赠品的形式多种多样,有实物的赠送、互动活动的促销。

活动实施

1. 实物的赠送

(1)周边产品的赠送

即使不是借势节日的促销活动,很多商家也会在销售某种产品的时候打出"买一送 N"的促销标语。虽然这些小赠品价值不高,却往往是这种产品搭配使用的周边产品。这给消费者提供了很大的便利,不仅使得消费者有一种"一劳永逸"的感觉,还显示出卖家的专业周到,是一种很讨喜的促销方式。但非常值得注意的是,在促销标语中,一定要明显地把赠品标列清楚,避免产生销售欺诈的嫌疑。如图 5.2.5 所示,所送的 71 件赠品,都是烘焙的必需品,并且以具体的数量列出来,给消费者一目了然的效果。

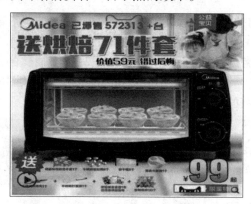

图 5.2.5　烤箱促销页面

(2)加量不加价型的赠送

这种促销活动一般也是以"买一送 N"的方式出现,但这里送的不是周边产品,而是同款产品。这种方式在促销文案的撰写中,就一定要注明送的款式和量。这种加量不加价的赠送,对消费者的吸引力还是不小的。例如,下图奶粉的"买一送一",清楚写明是送 1 罐同款的产品,如图 5.2.6 所示。

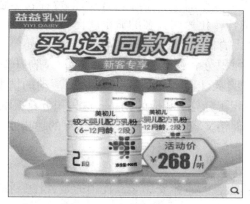

图 5.2.6　奶粉促销页面

2. 互动活动的促销

实物赠予的促销文案类型效果直接,但缺乏连续性,活动结束后把新客户转化为老客户的可能性并不高。那么,为了打消这种顾虑,商家更喜欢采取互动活动的促销。通过互动的形式,建立商家与消费者之间的"联系",然后再赠予一些可兑换的奖品,促进消费者进行第二次的消费。

互动活动的常见形式有 3 种:优惠券的发放、抽奖机会的赠予以及积分兑换。

优惠券有三种:优惠券、抵扣券和现金券。无论是哪一种优惠券,在做促销文案的时候,都必须注意将使用条件和使用期限写清楚,避免产生不必要的争执。

> **小拓展:优惠券、抵扣券和现金券的区别**
>
> 优惠券一般设置的购物数额比较大,优惠的数额比较小,如满 100 元减 20 元;抵扣券一般设置的购物数额比较小,如满 20.1 元即可减 20 元,另外还能设置为抵扣服务项目;现金券一般不设置购物门槛,与抵扣券有些相似,但它只能抵扣价格,不能抵扣服务项目。

抽奖机会则分为售前抽奖和售后抽奖。售前抽奖是先抽奖后购物,抽奖流程一般是先抽取优惠券,然后再进行消费。消费者一般都不是因为抽奖而进入店铺,所以售前抽奖就相当于一个惊喜,提高消费者的消费可能性。因此,在写售前抽奖的促销文案时,措辞口吻要充满激情,要让消费者产生"机会难得,不能错过"的想法。例如图中的"超级转转赚",就是让人有种只要转了,就能赚的感觉,如图 5.2.7 所示。

图 5.2.7   售前抽奖案例

售后抽奖则是先购物后抽奖,抽奖奖品一般是周边产品或者是优惠券。这是一种售后服务,这不仅在向消费者表达卖家的贴心用心,也在向消费者表达感谢。有了这种贴心的服务以及优惠券的诱惑,消费者转化为回头客的概率就提高了。因此,在写售后抽奖的促销文案时,措辞口吻要温柔,要让消费者产生"这家店真人性化"的感觉。

积分兑换一般分为签到积分和购物积分。签到积分一般以签到有礼和收藏有礼为模式,这种模式是为了让消费者关注商铺的上新动态、最新活动的情况。购物积分则是通过消费金额兑换相应的积分,累积积分兑换相应的礼品。这种积分兑换的方式,是需要消费者的耐心才能实现的,所以在撰写促销文案时,要注意方式和措辞的趣味性,提高活动的可持续性。

活动小结

这会儿,轮到小雅听得出神。主张要用奖品促销的她,没想到赠予型的促销文案也是形式多样。商家需要结合自身实际的财力和促销的目的,去决定是采取实物赠予还是优惠券的派送,互动活动的组织也要结合自身的组织能力。当然,消费者都懂得"天下没有免费的午餐",所以在撰写这类型的促销文案时,最好要"师出有名",要么不送,要么送出放心。

做一做 大丰收商场开业在即,商场老板想要通过发放促销券和奖品营造一个开门红的氛围,请你帮他设计一下文案吧。

活动3 个性化服务促销文案

活动背景

当降价和赠予已成了常态,人们就更加地关注购物体验。电子商务所在的网络平台,正是为个性化服务提供了有利的技术条件。在面对店铺的熟客时,卖家比较常用的是会员服务;在面对店铺的新客时,卖家比较注重区别年龄和性别进行针对性服务。而无论是面对哪个类型的客户,个性化服务促销文案都是为了让消费者拥有美好的购物体验,成为常驻会员。

活动实施

1. 会员服务促销文案

会员服务是利用了消费者的一种身份认同心理,有一种VIP(Very Important Person)的感觉,享受被重视的优越感,促进消费的欲望。如果将各种渠道吸引过来的新客户,转化为店铺的会员,那么在这个消费者身上产生多次交易的概率就会大大提高。因此,会员服务制度是现在店家非常常用的一种营销模式。

会员服务是一套精准的、精细的、系统的工作,其细节众多、流程烦琐。那么,做好会员服务促销文案,要做到以下几个方面:

(1)体现出会员的优越性

消费者之所以成为店铺的会员,是希望能够长期得到优质的服务。如果消费者都没有感受到自己与普通买家之间的区别,那就会对店铺会员服务失望,脱离会员行列。而商家的会员制度也会变成一个无效制度。因此,在做会员服务促销文案时,体现优越性应当是最基本的原则。譬如,淘宝的"88 VIP"会员促销文案是这么写的,"生活所爱 皆被宠爱"。这是在告诉消费者,你喜欢的店铺,店家都能提供"宠爱"般的会员服务。短短8个字,温柔细腻而又深入人心,令消费者有种备受关怀的感觉,令人神往,如图5.2.8所示。

图 5.2.8 淘宝"88 VIP"会员宣传案例

除了在宣传文案上要体现会员的优越性,实际上的活动也要做到"让利不吝啬"。规则的设定要简化,会员的福利要容易实现,譬如设置小面额的优惠券可供立刻下单使用,或者大面额优惠券的使用条件要让消费者可以轻松凑单。

(2)体现服务的前置性

这是会员服务的一大特点,在会员进行注册的那一刻起,就要注意收集会员消费者的各类信息,包括个人资料、咨询时间、下单情况等,把握会员消费者的基本情况并进行分类,然后再按照类别设定不同的服务方案,以争取在会员消费者开口之前,就调整好服务内容,使得消费者与卖家产生"共鸣"。

(3)体现信息推送的针对性

既然已经通过前期工作获取了大量的消费者信息,那么对会员也要进行信息推送。推送不是无目的的群发,而是要根据消费者的喜好,进行有选择性的推送,提高消费者经过推送信息产生交易行为的概率,减少消费者收到无效推送的反感度。

2. 年龄、性别促销文案

俗话说:"到什么岁数,做什么事儿。"还有一个说法是:"男人是钢,女人是水。"这都是一种对身份认知的定位。而卖家对消费者的身份认知,也要有明确的定位,要做到"讲消费者爱听的话",才能促成交易的达成。面对一个消费者,最容易辨别的就是年龄和性别。因此,针对年龄和性别进行个性化服务促销,是非常重要的。

(1)年龄促销文案

销售老年人的产品,要用稳重成熟的口吻,"健康""长寿""养生"是他们最喜欢的词语;销售儿童产品,要用活泼调皮的口吻,"好玩""有趣"是他们喜欢的词语,当然还要为父母写上"安全"。譬如,会关注保健品的消费者群体一般就是中老年人,而既然关注了保健品,说明其对健康的关注度也是很高的。那么,在促销文案中就要把关键词引入其中,"健康暑价"就很好地说出了消费者的心声,如图5.2.9所示。

图5.2.9　保健品促销文案

做一做　你能举出儿童产品促销文案的例子吗? 并说说它是怎样从年龄角度出发进行服务促销的。

(2)性别促销文案

由于女性比男性心思更加缜密,所以在面对不同性别倾向的产品时也要把握好行文技巧。跟女性做文案交流,要把握好情感尺度;跟男性做文案交流,要注重实用度。女性喜欢甜言蜜语,所以在行文时要感性,要具象;男性比较讲究实用主义,通常只关注功能技术,所以在行文时要理性,要严谨。例如,高洁丝在卫生巾的文案上大量使用了"少女"一词,再辅助以"高颜值""软嫩嫩"等形容词,给了女性消费者很大的舒适感和减龄错觉,大大促进了消费欲望,如图5.2.10所示。

图 5.2.10 卫生巾促销文案

华为作为受男性消费者青睐的电子产品企业,在行文技巧上主要就是将数据、技术明明白白地写出来,让消费者清楚了解选购的理由,如图5.2.11所示。

图 5.2.11 手机促销文案

活动小结

小涛、小雅感同身受,他俩纷纷表示,在作为消费者的时候,如果卖家能够有针对性地进行个性化服务,他们就会觉得这个卖家是良心卖家,甚至觉得这家店很专业,很了解消费者的需求,从而产生信任感,提高消费欲望。正所谓"顾客就是上帝",提供优质的服务是卖家应当承担的义务。小涛、小雅深深感叹道,要好好地把顾客心理学研究一番。

做一做 五谷丰登磨粉坊想要为会员设置个性化服务,请你为它设计一个个性化服务文案吧。

活动4　不同载体的促销文案

活动背景

促销文案,就是一种广告文案,是为了将消费者吸引进店消费的文案。那么,促销文案就不只存在于单一的载体,而应存在于不同的载体。除了在店铺的页面上,产品包装上、媒体广告上也都存在着促销文案的身影。不同的载体,有不同的文案限制,也有不同的文案优势。掌握不同载体的促销文案的表达形式,才能运用好这些载体平台,从而发挥其有效的宣传作用。

活动实施

1. 店铺页面促销文案

无论从什么渠道吸引过来的消费者,最终都必然会看到店铺页面的促销文案,所以,店铺页面的促销文案尤为重要。撰写店铺页面促销文案时,需要注意以下几个方面:

(1)摆放的技巧

想要开好一家店,布置好店铺是必不可少的技能。超市进行业务培训时,如何整理货架,如何将利润最高的产品摆在最显眼的地方,如何将相关的产品进行归类摆放,方便连带销售,都是至关重要的学习内容。网店虽没有实体,但也是同样的道理。促销文案是为了提高消费者购物欲望的文案,应当放在最显眼的地方,也就是打开首页第一眼看到的地方。

店铺首页如果是静态页面,那就要把促销文案放在店铺的抬头位置;如果是动态页面,则可以多个促销文案共同占用店铺的抬头位置。譬如,马可珍妮童装店先在店铺抬头摆上了"天猫购物券满300减30",然后在下面的滚动屏又放上了多个促销文案,如图5.2.12所示。

图5.2.12　马可珍妮童装店首页促销文案

如若消费者为了看促销文案需要反复从产品详情页翻回店铺首页,操作非常麻烦且不贴心,那么,除了店铺首页要放促销文案,产品详情页也要有促销文案的存在,让消费者随时随地都能看到店铺的促销文案。如图 5.2.13 所示页面中,用文本框标志的地方,也就是在产品页面的右上角,就有一个与店铺首页一致的促销文案。消费者在浏览产品详情的时候,无须再翻回首页,就能看到促销信息了。

图 5.2.13 产品详情页促销文案

(2)文案要有煽动性

促销文案要有"狙击"效果,也就是要让消费者有心动的感觉。那么,要有"狙击"效果,就需要有煽动性,可以采用以下两个方式进行构思。

①特价促销。这种方式,一般是用在店铺的大型活动中,譬如店庆、电商节等。这种活动,往往会用比较低的价格进行促销,促销效果比较好。既然是特价促销,就要给消费者造成一种时间压力,不仅有利于在消费者心里把促销机会塑造得更加珍贵,还有利于卖家更快地收到促销活动带来的利润。例如图 5.2.14 所示的产品,运用了"前 2 小时第二件五折""9 054 件已付款"等字样,营造出产品销量的火热,提高了消费者对产品的信任度;把原本"立即购买"的按钮改为"马上抢"的字样,营造出一种库存不足的紧迫感,使得消费者有种"再不买就没了"的感觉;添加了倒计时,用时间分分秒秒在无情流逝的形式,将购买的紧迫性体现得淋漓尽致。

图 5.2.14 特价促销文案

②领券促销。相比特价促销,领券促销是一种比较温和的促销方式。这是针对那些没有在特价促销时得到优惠的顾客开展的一种促销活动,也是与特价促销相互补充的促销方式。这在一定程度上,可以让消费者觉得即使没有得到最优惠的价格,但领了券买回来,还是比原价购买要实惠得多。但要注意,优惠券要设定有效期限,并且在即将过期时提醒消费者。

领券的形式可以设计情感梯级,一种是带有煽动情绪的"秒杀券",另一种是带有安慰情绪的"立减券"。

秒杀券通常以"1元秒杀大额券"的形式出现,这种形式是具有煽动性,促使消费者时刻关注店铺动态,调好闹钟为抢券做好准备。因此,撰写秒杀券的文案时措辞要带有煽动色彩,营造一种十万火急的感觉,如图5.2.15所示。

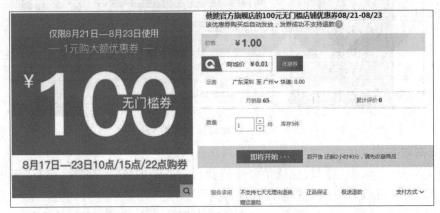

图5.2.15   秒杀券的案例

立减券则是带有安慰色彩的券,当消费者抢不到秒杀券时,立减券则会以"下单立减 N 元"的形式出现,使得消费者有种失而复得的感觉。此时,要用一种温和的措辞进行文案撰写,要让消费者相信立减券也是很实惠的。

2. 产品包装促销文案

正所谓,"人靠衣装,佛靠金装"。精美的包装,也是产品促销的一个手段。成功的促销包装不仅要通过造型、色彩、图案、材质的使用,引起消费者对产品的注意与兴趣,还要使消费者通过包装准确理解产品,因为人们购买的并不是包装,而是包装内的产品。因此,促销包装不仅需要满足包装的一般功能,更要起到促进销售的作用,准确传达产品信息。当前,常见的促销包装一般采用全透明包装,在包装上开窗展示产品,在包装上绘制产品图形,在包装上做简洁的文字说明,在包装上印刷彩色产品图片等。

坚果零食品牌很多,竞争激烈,但三只松鼠却在几年前脱颖而出,打响了名声,销量持续第一,包装促销起到了很大的作用。

首先,它在快递外包装就做起了文章,一个普通的纸皮箱摇身变成一只松鼠的头,并配上一句:"主人,快带我回家。"这种拟人化的包装,亲切而又俏皮,迅速讨好了消费者,拉高了商品的档次。其次,它以小包装的形式进行包装,采用生动形象的松鼠图案,配上简洁明显的商品名字,使得消费者既方便辨识,又时刻记得自己在吃什么品牌的坚果。这种包装方式,得到了大量年轻人的青睐,如图5.2.16所示。

图 5.2.16　三只松鼠外包装和内包装

另外,三只松鼠善用礼包套装促销手段,在节假日礼包的包装上也是做了很多功夫。如中秋大礼包的快递包上,一句"无坚果,不圆满;无松鼠,不中秋",既结合了中秋佳节的节日愿望,又塑造了品牌的人文形象,使得这个产品自用用得舒心,送人送得得体。仅仅这个包装,就能带来很大的交易量,如图 5.2.17 所示。

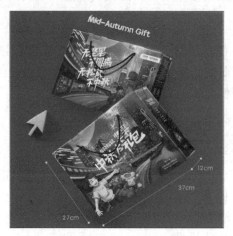

图 5.2.17　三只松鼠礼盒装

3. 媒体广告促销文案

在新媒体时代,通过媒体广告宣传网店,吸引流量,已经是必然的趋势了。那么,在精彩纷呈的新媒体时代,想要让自己的产品得到关注,媒体广告就应该充满娱乐性和趣味性。而最有效的方式,就是给自己的品牌讲一个令人印象深刻的故事。通过故事来宣传产品,塑造品牌形象,比直接打广告,更容易令消费者接受。

小米曾经拍摄了一部风靡一时的感恩励志微视频《100 个梦想的赞助商》,讲述一个洗车工舒赫,虽只有捷达车却不放弃梦想,在 100 个梦想赞助商的帮助下,成功成为赛车手并赢得比赛的故事。这个故事不仅是在感谢小米创始之初,默默支持着的那 100 个内测用户,也是在向更多的用户表达小米将用户当作朋友的诚意。这种微视频的媒体广告,感动了老客户,吸引了新客户,一举两得,如图 5.2.18 所示。

做一做　你能在不同的载体上,找出你觉得出色的文案吗?

图 5.2.18　《100 个梦想的赞助商》海报

活动小结

张主管清了清喉咙,表示讲授已经结束。小涛和小雅却还沉浸其中,想要张主管给他们进行一个总结。张主管看着这两个文案新人渴望的眼神,欣慰地说:"做一个电子商务文案策划从业者,就要保持这种求知的态度,要积极地到不同的领域,寻找不同的灵感。不能仅仅局限在网页文案上,还要在包装文案、广告文案上也有所建树,做一个能够轻松跨界的电商人。"小涛和小雅点点头,他们意识到自己任重而道远。

项目总结

电商购物节、传统节日都是借势营销的重要日子。价格折扣促销文案、赠予型促销文案、个性化服务促销文案等是促销文案的重要类型。选择适宜的促销时间和类型,开展吸引消费者眼球的店铺促销,将使文案的力量发挥得淋漓尽致。

项目检测

1. 单选题

(1)某店家想在"双十一"电商节进行促销活动,下面主题最适合借用的是(　　)。

　　A. 单身　　　　B. 圆满　　　　C. 健康　　　　D. 平安

(2)春节期间,促销文案的主题可以选择(　　)。

　　A. 浪漫相约　　B. 年货满满　　C. 粽香飘荡　　D. 出入平安

(3)特价促销文案的措辞,需用(　　)的口吻。

　　A. 理性　　　　B. 感人　　　　C. 快乐　　　　D. 煽动

(4)同一件 200 元商品,"8 折出售"和"立减 40 元"哪个更容易使消费者产生错觉折扣?(　　)

　　A.8 折出售　　B. 立减 40 元　　C. 都会产生　　D. 都不产生

(5)以下哪种类型不属于包装促销文案?(　　)

　　A. 感谢信　　　B. 抖音直播　　C. 内包装　　　D. 纸箱外包装

2. 多选题

(1)节假日促销文案的 3 个类别是(　　)。

　　A. 直接表明优惠　　　　　　　B. 攻略清单型

　　C. 立刻行动型　　　　　　　　D. 微信团购型

(2)店庆活动一般需要注意哪些方面?(　　)

　　A. 店庆时间　　B. 店庆力度　　C. 店庆气氛　　D. 推广渠道

E. 让消费者感到实惠

(3)会员服务促销需要注意哪些方面？（　　　）

A. 体现会员的独特性　　　　　　　B. 体现会员的优越性

C. 体现服务的前置性　　　　　　　D. 体现信息推送的针对性

3. 判断题

(1)促销文案只会出现在店铺首页。　　　　　　　　　　　　　　　（　　）

(2)"临界价格"是错觉折扣的一种方式。　　　　　　　　　　　　　（　　）

(3)"买一送 N"必须送同款产品才能吸引消费者。　　　　　　　　　（　　）

(4)销售儿童产品,只需要考虑使用"好玩""漂亮"等俏皮可爱的措辞口吻。　（　　）

(5)媒体广告促销文案就是要给自己的品牌讲一个故事。　　　　　　　（　　）

4. 简述题

(1)电商平台的促销手段具体有哪些？请简单讲述一下。

(2)简述特价促销和领券促销之间的联系和区别。

5. 趣味挑战题

(1)张主管给小涛布置了一个项目,要求小涛为一款"邂逅系列"的香水写一个促销文案。请你帮小涛分析一下,这款香水的促销文案需要从哪些方面进行分析和调查,具体该怎么做。产品如图 1 所示。

图 1　"邂逅系列"香水

(2)请分析:如图 2 所示促销文案做得是否到位？还有什么可改进的地方吗？

图 2　促销文案

项目6 关系维系——客户服务文案

项目综述

网店的客服人员每天都要接待很多顾客,经常是一对多地进行对话,如果是遇上搞活动的时候,特别是"双十一""6·18"这些大促,一对百也是常有的事。在如此巨大的工作量面前,如何快速、高效地回答顾客的问题,解除顾客的疑虑,提高客服人员的工作效率显得尤为重要。

刘经理是公司客服部的负责人,在客服部工作已经有挺长一段时间了。工作经验告诉他,咨询的顾客虽然比较多,但是每个顾客提的问题都大同小异,所以他觉得只要有一套统一的、标准的客户服务文案,就能大大地提高客服人员的工作效率。

于是刘经理向公司负责人提出让客服部和文案策划部联合行动,制订客户服务文案的要求。公司负责人听了刘经理的申请理由后,也觉得非常有必要促成这次联合行动,于是让策划部的张主管派人与客服部一起完成任务。

项目目标

通过本项目的学习,应达到的具体目标如下:

知识目标

▶ 理解产品规格参数的概念和作用。

▶ 认识产品资质信息包含的内容。

▶ 掌握售后承诺的业务范围。

能力目标

▶ 能够用正确的方式区分产品的规格。

▶ 能够明确网店的各种发货承诺。

▶ 能够明确网店为顾客提供的各种物流保障。

情感目标

▶ 培养团队合作的精神。

▶ 具有认真负责的工作态度。

项目任务

任务 1　产品质量承诺

任务 2　交货承诺

任务 3　售后承诺

任务 1　产品质量承诺

情境设计

顾客对网店的产品看得见却摸不着,而且看见的还只是产品的图片而不是实物,所以会有比较多的顾虑从而影响他们最后的决定。特别是对产品本身,质量如何? 规格尺码应该如何选择? 这些都是顾客咨询得最多的问题。

客服部的负责人刘经理经过考虑,决定让客服小组长小吴联合公司文案专员一起针对这些问题制订出一套相关的客户服务文案。策划部张主管则派出文案专员小周主要负责此事,同时要求作为实习生的小涛和小雅跟着小周一起学习并帮忙。

接到任务后,小吴、小周、小涛和小雅四人一起将就这一问题进行了深入探讨,认为产品的规格参数、产品的细节和产品的资质信息都与产品质量有关,于是打算从这三方面入手制订相关文案。

任务分解

本次任务是认识产品的规格参数,了解产品的细节,同时理解产品资质信息的概念和重要作用,以达到让消费者挑选到适合自己的产品并且对产品质量树立信心的目的。

本任务可以分解为 3 个活动:产品规格参数;产品细节展示;产品资质信息。但因为本书项目 4 的任务 1 对产品细节展示文案已经有详细的阐述,所以本任务只对产品规格参数和产品资质信息两个活动进行阐述。

活动1 产品规格参数

活动背景

详细的产品规格参数不仅能让消费者对产品有更加全面、深入的认识,还能让消费者感受到店铺的专业与用心,从而提升消费者对产品甚至是对店铺的信心。因此,制订一套标准的、详细的、正确的产品规格参数文案至关重要。

活动实施

1. 产品的规格

产品规格通常有以下两种含义:一是生产的成品或所使用的原材料等规定的质量标准;二是指一般工业产品的物理形状,一般包括体积、长度、形状、重量等。产品规格是对产品名称中不能体现的产品参数信息的补充,见表6.1.1。

表6.1.1 产品规格

标准类别		质量标准编号	标准名称
婴幼儿	机织	GB/T 33271—2016	机织婴幼儿服装
	针织	FZ/T 73025—2013	婴幼儿针织服饰
儿童	机织	GB/T 31900—2015	机织儿童服装
		GB/T 23328—2009	机织学生服
	针织	FZ/T 73045—2013	针织儿童服装
		GB/T 22854—2009	针织学生服
通用		GB/T 31888—2015	中小学生校服

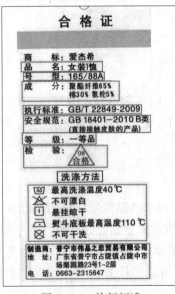

图6.1.1 执行标准

表6.1.1列举了一些服装的质量标准。而图6.1.1所示的执行标准也就是产品的质量标准,号型就是产品的物理形状——大小。

在日常的客服工作中,我们既要了解产品的质量标准,也要熟悉产品的物理形状,这样才能应对顾客提出的各种问题。不过,相对而言,咨询产品的物理形状的顾客还是比咨询产品的质量标准的顾客要多,所以下面我们将从产品的物理形状来研究产品的规格。

2. 产品规格的区分方式

在标准化生产的今天,通常一种产品都采用一种规格衡量标准,而不同的产品往往又用不同的方式来进行规格的区分。常用的产品规格区分方式有:按大小区分,按重量区分,按容量区分和按长度区分等。

（1）按大小来区分规格

服装、鞋子等都是按尺码的大小来区分规格的产品。

服装一般有三种尺码规格表示方法：第一种是用 XS、S、M、L、XL、XXL 等来表示，上述尺码规格分别代表加小号、小号、中号、大号、加大号、加加大号；第二种是用身高加胸围的形式来表示，如 160/80A、160/85A、165/85A 等，"/"前面的数字代表"号"，指服装的长短或人的身高，"/"后面的数字代表"型"，指人的胸围或腰围，英文字母是体形代号，"A"表示一般体形，"B"表示微胖体形，"C"表示胖体形；第三种方法是将前面两种方法结合起来的表示方法，如图 6.1.2 所示。

图 6.1.2 尺码规格

鞋子的尺码，又叫鞋号，常见有以下标法：国际、欧洲、美国和英国。国际标准鞋号表示的是脚长的毫米数。中国标准采用毫米或厘米为单位来衡量鞋的尺码大小。见表 6.1.2、表 6.1.3、表 6.1.4 分别是女鞋、男鞋、童鞋尺码对照表。

表 6.1.2 女鞋尺码

单位：cm	22.5	23	23.5	24	24.5	25	25.5	26
EUR 欧码	35	36	37	38	39	40	41	42
US 美码	5	6	6.5	7.5	8.5	9	10	11
UK 英码	3	4	4.5	5.5	6.5	7	8	9

表 6.1.3 男鞋尺码

单位：cm	25	25.5	26	26.5	27	28	29	30
EUR 欧码	39	40	41	42	43	44	45	46
US 美码	7	7.5	8	8.5	8	10	11	12
UK 英码	6.5	7	7.5	8	8.5	9.5	10.5	11.5

表6.1.4 童鞋尺码

US Size 美国尺寸	EUR Size 欧洲尺寸	UK Size 英国尺寸	CA Size 加拿大尺寸	JP Size 日本尺寸	Inches 英寸	单位:cm
5	19/20	4.5	5	12	4.8	12
6	21	5.5	6	13	5.1	13
7	22/23	6.5	7	14	5.5	14
8	24	7.5	8	15	5.8	15
9	25/26	8.5	9	15.5	6.25	15.5
10	27	9.5	10	16.5	6.5	16.5

（2）按重量来区分规格

固体类食品、彩妆类产品等都是按重量来区分规格的产品,单位通常都采用"克""千克""斤"等,其中"克"和"千克"经常用英文"g"和"kg"表示,如图6.1.3所示表示5千克的大米。

图6.1.3 重量规格 　　　　图6.1.4 容量规格

（3）按容量来区分规格

液体类食品、护肤类产品等都是按容量来区分规格的产品,单位通常都采用"升""毫升"等,而它们的英文表示方法分别为"L""mL",如图6.1.4所示表示500 mL的苏打水。

（4）按长度来区分规格

尺子、绳子等都是按长度来区分规格的产品,单位通常都采用"米""厘米""毫米"等,而它们的英文表示方法分别为"m""cm""mm",如图6.1.5所示表示不同长度规格的尺子。

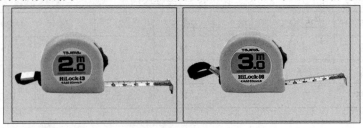

图6.1.5 长度规格

想一想　还有没有其他区分产品规格的方式?

3.产品的其他参数

除了规格,产品还会有很多其他的参数,如图6.1.6所示是优衣库的一款POLO衫的产品参数,其中除了尺码之外,还包含品牌、主要颜色、货号、年份季节、袖长、衣长、材质成分等参数。

产品参数:

品牌:Uniqlo/优衣库　　　尺码:150/76A/XS 155/80A/S 160/84A/……　主要颜色:00 白色 03 灰色 09 黑色 10……

货号:UQ413697000　　　年份季节:2019年夏季　　　　　　　袖长:短袖

衣长:常规款　　　　　　　材质成分:棉77% 聚酯纤维20% 聚氨酯……

图6.1.6　POLO衫产品参数

不同品类的产品,其参数所包含的内容会有很大的区别,如图6.1.7所示是百丽的一款凉鞋的产品参数,它与图6.1.6所包含的参数有很多不同之处。

产品参数:

品牌:Belle/百丽　　　　闭合方式:一字式扣带　　　尺码:33 34 35 36 37 38 39 40

图案:纯色　　　　　　　风格:简约　　　　　　　　后跟高:中跟(3~5cm)

颜色分类:米色 黄色　　　货号:BLAM6BL9　　　　　上市年份季节:2019年夏季

鞋头款式:露趾　　　　　适合场合:日常　　　　　　跟底款式:粗跟

鞋底材质:橡胶　　　　　里料材质:头层猪皮　　　　适用对象:青年(18~40周岁)

后帮:后空　　　　　　　侧帮:中空　　　　　　　　鞋制作工艺:胶粘鞋

鞋垫材质:超纤皮　　　　款式:时装凉鞋　　　　　　帮面材质:羊皮(除羊反绒/羊猄)

销售渠道类型:商场同款(线上线下都销……

图6.1.7　凉鞋产品参数

在产品的详情介绍里,将产品规格参数做个详细的说明,能让顾客对产品更加了解,从而大大减少顾客对产品规格参数问题的咨询。

见表6.1.5,是优衣库的其中一个产品的详情页关于产品规格的说明,可以让顾客对不同规格的产品的各种参数一目了然。

表6.1.5　优衣库产品规格

UNIQLO尺寸 (商品尺寸)	商品尺寸/cm				建议身材/cm
	臀围	底裆宽	上裆	裤内裆长	腰围
155/58A(XS)	81	28	27	57	57~63
155/62A(S)	85	29	28	59	60~66
160/66A(M)	89	31	28	59	63~69
160/70A(L)	95	32	29	59	69~75
165/78A(XL)	101	34	30	59	75~81
170/82A(XXL)	107	36	31	59	81~87
175/88B(3XL)	113	38	32	59	87~93

活动小结

通过参与此次任务,小涛和小雅对产品的规格参数有了全新的认识,对不同的产品区分规格的方式也有了一定的了解。他们觉得这样跟着小周,会有更多意想不到的收获,所以都希望继续参与客户服务文案的相关任务,张主管也满意他们的表现。

做一做　收集不同品类产品的规格参数说明并进行对比。

活动2　产品资质信息

活动背景

为了更好地规范各行业的管理秩序,提升行业的商品品质,增强消费者的购买信心,越来越多的购物平台要求商家根据行业的发布要求上传更多的产品实物资质信息到前台展示,让消费者从更多的角度了解产品。

活动实施

1. 产品资质信息

资质是一种资格证明。如国家出于监管需要,对市场中的生产商、销售商、流通商品等的一个合格认证;如权威机构对商品品质合格、良好、优秀的一种证明;如品牌授权,是品牌商对于卖家能否销售该品牌的一种资格证明。产品资质信息包括授权信息、产品生产信息、认证证书等产品的重要信息。

2. 产品的生产信息

产品的生产信息包括吊牌(合格证),如图6.1.8所示;耐久标,如图6.1.9所示;产品外包装,如图6.1.10所示;中文标签,如图6.1.11所示等。

图6.1.8　合格证

图6.1.9　耐久标

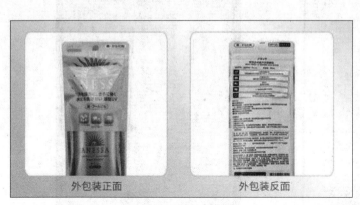

图 6.1.10 外包装

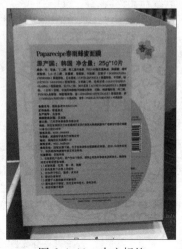

图 6.1.11 中文标签

想一想 "海外购"的商品需要有中文标签吗?

3. 授权信息

授权信息包括品牌授权,如图 6.1.12 所示;厂家授权,如图 6.1.13 所示等。

图 6.1.12 品牌授权

图 6.1.13 厂家授权

4. 认证证书

认证证书包括专利证书,如图 6.1.14 所示;CCC 认证证书,如图 6.1.15 所示;质检报告,如图 6.1.16 所示等。

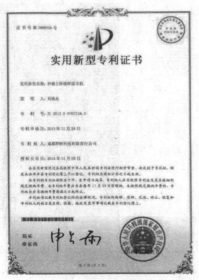

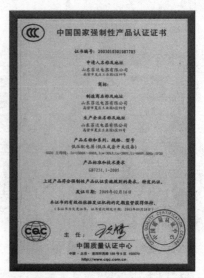

图 6.1.14　专利证书　　　　　　　图 6.1.15　CCC 认证证书

图 6.1.16　质检报告

产品根据不同的类目,上传资质信息的要求也不同,包括但不限于"授权信息""产品生产信息""认证证书"等商品的重要信息。

活动小结

通过参与此次任务,完全颠覆了小涛和小雅以前对产品资质信息的认知,他们以前只是想当然地以为产品资质信息就是质检报告证明产品有多优质,却没想到包含了那么多的信息,而且每个网络平台对产品资质信息的上传都有自己的要求。

做一做　查找不同平台不同品类产品资质信息的上传要求。

任务 2   交货承诺

情境设计

顾客了解了产品的信息,对产品的质量有了信心之后,便有了购买的欲望。可是什么时候能将产品拿到手? 甚至能不能尽快将产品完好地拿到手? 在快节奏的现代生活中,这些也成为顾客最终决定是否购买的重要因素。

鉴于小吴、小周、小涛和小雅之前的良好合作和优秀表现,客服部的负责人刘经理和策划部张主管商量后一致决定,仍然由他们四人来负责交货承诺方面的客服文案。

任务分解

本次的任务是让网店产品销售者认识到及时、快速发货以及良好的物流服务的重要性,以便提升消费者对网店的整体信心,以促进购买和最终成交。

本任务可以分解为两个活动:发货承诺;物流保障。

活动 1   发货承诺

活动背景

在网络购物盛行的当下,消费者对网购的要求也越来越高,其中就包括对发货时间的要求。实践表明,越来越多的消费者会在下单前咨询发货的相关问题。因此,针对发货问题制订统一的标准文案是相当必要的。

活动实施

1. 发货时间承诺

发货时间承诺是交易约定服务中的一种类型。该服务指卖家可以根据自身商品库存情况、发货能力等综合因素,根据基础发货时间(平台默认的发货时间,如淘宝是 72 小时)自主承诺商品的发货时间。

如图 6.2.1 所示是某网上药店某处方药的发货说明,其中的第 2 点就统一承诺了该处方药的发货时间是 48 小时内。

值得注意的是,卖家的发货时间,以快递公司系统内揽件记录的时间为准,特殊产品(如定制品)除外。

如图 6.2.2 所示是某定制品的物流说明,这

Rx 处方药发货说明
1. 提交预定后,请保持电话畅通,以免错过医生电话总论,影响开方;
2. 门店会在医生开方后48小时内安排配送;
3. 如有疑问可联系在线药师为您提供更专业的咨询服务。

图 6.2.1   发货说明

图 6.2.2　物流温馨提示

样就能尽量避免出现纠纷,以免给买卖双方造成不必要的麻烦。

2.特殊情况发货时间承诺

发货时间承诺是卖家根据自身的实际情况自主制订的,所以一般情况下都可以做到及时发货。但是当遇到一些特殊情况导致不能按时发货时,卖家一定要提前说明。如以下几种情况:

(1)促销期间的发货时间承诺

促销期间的订单量往往比平常大,有些大促,如"双十一""年中大促"等,订单量极有可能是平常的几倍,甚至几十倍、几百倍,这样的情况下,即使增加人手和加班加点,也很难保证可以跟平常一样的发货速度。而且发货时间是以快递公司系统内揽件记录的时间为准,所以还要考虑快速公司在促销期间的揽件速度。这个时候,卖家就需要针对促销期间的实际情况,对平常的发货时间承诺作出一定的更改并在重要、醒目的地方进行说明。

如图 6.2.3 所示是某店铺针对"双十一"期间结合平台规则和自身的实际情况对发货时间承诺作出的说明,这样能让消费者清楚地知道该店铺"双十一"大促期间的发货时间。

图 6.2.3　承诺说明

（2）节假日期间的发货时间承诺

节假日期间，国内主要是春节期间，因为各行各业都涉及员工放假的情况，所以大多数店铺都不能正常发货。这个时候，卖家就要针对自身的实际情况对节假日期间的发货时间承诺作出更改并在重要的、醒目的地方进行说明。

如图6.2.4所示是某店铺针对春节期间自身的实际情况对发货时间承诺作出的说明，这样能让消费者清楚地知道该店铺春节期间何时停止发货，何时开始发货。

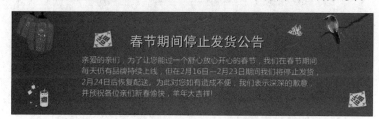

图6.2.4 停止发货公告

（3）不可抗力因素的发货时间承诺

所谓不可抗力，是指合同签订时不能预见、不能避免并不能克服的客观情况。包括自然灾害，如台风、地震、洪水、冰雹；政府行为，如征收、征用；社会异常事件，如罢工、骚乱。

虽然法律规定，因不可抗力不能履行合同的，根据不可抗力的影响，可部分或全部免除责任。但是为了尽量避免产生不必要的争执、纠纷，卖家如果在不可抗力产生后确实无法正常发货，那么最好及时对发货时间承诺作出更改并在重要的、醒目的地方进行说明。

如图6.2.5所示是某店铺针对强台风"利奇马"对发货时间承诺作出的说明，这样能在一定程度上安抚顾客的情绪并减轻客服人员的工作量。

图6.2.5 发货紧急通知

想一想 还有没有其他需要对发货时间承诺作出更改的特殊情况？

3.其他发货承诺

发货时，有些顾客除了对发货时间有要求外，还会对包装、快递信息的填写等有特殊要求。如果卖家经营的是一些大多数顾客都会有特殊要求的商品，那么在店铺的重要位置对这些要求作一个统一的承诺是很有必要的。如图6.2.6所示为某药店对发货时的包装和快递面单的填写所作出的承诺。

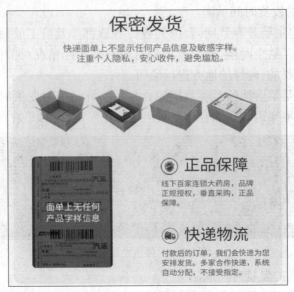

图 6.2.6   发货承诺

活动小结

通过参与此次任务,小涛和小雅才知道原来几时发货、如何发货等发货相关的问题也属于买卖双方产生交易时所"签署"的合同条款,如果没有履行承诺,也属于违约,是需要负相应责任的,他们都感叹:电商工作的每一个环节都很重要,必须要非常认真、仔细地对待!

做一做   查找不同平台的基础发货时间并进行对比。

活动 2   物流保障

活动背景

网购时,要想商品可以及时、快速、完好地到达消费者手中,除了卖家要及时、快速、完好地发货外,还必须要有强有力的物流支持,所以消费者在购买商品的时候,也会考虑网店可以提供的物流保障。而网店如果可以在物流方面给消费者更多更好的服务和保障,无疑会增强消费者的购买欲望。

活动实施

1. 包邮

包邮的准确定义是商品价格加邮费,拍下不用补邮费差价,付款就等卖家发货。现在大多数卖家都会以包邮吸引客户前来购买。买家拍下包邮商品后,卖家是无权再找买家补邮费的,但如果买家需要加急,则需要补邮费差价。如图 6.2.7 所示,卖家在阿里旺旺咨询窗口统一说明如果要加急寄顺丰则需要补运费。

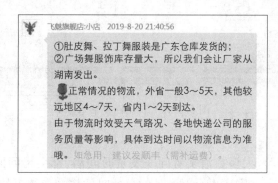

图 6.2.7　阿里旺旺咨询窗口

　　有些网店的包邮是有条件限制的,比如订单需要满多少钱。另外,即使达到了包邮的金额,因为各种原因,还是有些地区通常不在包邮的范围内,比如偏远地区。如图 6.2.8 所示就明确说明了单笔订单需要满 38 元才包邮,而且西藏、新疆、港澳台及海外是不在包邮范围内的。

图 6.2.8　包邮信息

2. 物流公司的选择

　　网店一般都会有自己合作得比较多、比较好的快递公司或物流公司,如果顾客对快递公司或物流公司没有特殊的要求,网店发货一般会选择默认的快递公司或物流公司。但是,有些顾客会因为各种原因,偏好或拒绝某些快递公司或物流公司,所以网店就有必要在店铺的重要位置对自己能够合作和不能够合作的快递公司或物流公司作个明确的说明。

　　如图 6.2.9 和图 6.2.10 所示都是阿里旺旺聊天窗口的截图,是某店铺针对一些顾客常见问题而设定的自动回复的客服话术。在这些话术里,卖家对可供买家选择的快递公司或者物流公司进行了比较详细的说明,买家看后可以综合考虑要不要在该店铺下单。

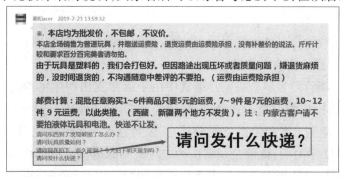

图 6.2.9　常见物流相关问题

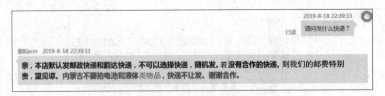

图 6.2.10　自动回复话术

3. 商品送达时效

根据客服的实践经验,大多数消费者问完发货时间后,都会再问同样一个问题:多久可以送到某个地方? 所以很多网店也会对商品的送达时效作一个统一的说明。

如图 6.2.11 和图 6.2.12 所示也都是阿里旺旺聊天窗口的截图,卖家在客服话术里也对商品送达时效作了统一的说明,这样能让消费者对何时能收到商品做到心中有数。

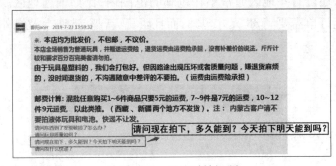

图 6.2.11　送达时效问题

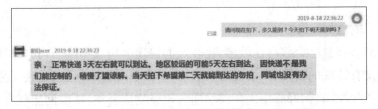

图 6.2.12　自动回复话术

> **想一想**　物流公司的选择和商品送达时效告知,除了可以在自动回复的客服话术里设定,还可以放在哪些比较合适的地方?

4. 退货运费险

退货(售中)运费险是一种运费保险,分为退货运费险(买家)和退货运费险(卖家)两个类别,交易成功后运费险将自动失效。

退货运费险(买家)是为解决买家在退货中由于运费支出产生的纠纷,保险公司针对网络交易的特征,适时推出的退货运费险产品,也简称"退运保险"。退货运费险(买家)现阶段仅针对淘宝网支持 7 天无理由退货的商品,买家可在购买商品时选择投保。当发生退货时,在退款完结后 72 小时内,保险公司将按约定对买家的退货运费进行赔付。

退货运费险(卖家)是指在买卖双方产生退货请求时,保险公司对由于退货产生的单程运费提供保险的服务。

其实,无论是卖家版还是买家版,最后得到的邮费都是买家的,差别只是在于购买运费险的钱由谁来出而已。卖家版的,钱由卖家付;买家版的,钱由买家付。

如图 6.2.13 所示是卖家对自家店铺已为顾客购买运费险的说明,还特别注明退换货运费由本店承担。这样做可以大大减少消费者对退换货所产生的邮费该如何处理的忧虑,而消费者也会对产品和网店更加有信心,从而增加购买的概率。

图 6.2.13　退换货运费说明

活动小结

通过参与此次任务,小涛和小雅认识到物流是电子商务非常重要的一个组成部分。如果物流的服务和保障跟不上,那么电子商务就不可能发展得如此迅速。所以每个网店都应该慎重选择合作的快递公司或物流公司,这样才能最大限度地保障商品被及时、快速、完好地送达消费者手中。

> **做一做**　IEF 爱依服在天猫和淘宝一共有 4 家店,分别是爱依服 outlets 店、爱依服天猫旗舰店、爱依服官方企业店、love 爱依服,请调查它们用的退货运费险分别是什么版本。

任务 3　售后承诺

情境设计

售后服务作为企业整体服务中最为重要的组成部分,已经成为重要的竞争手段,是保障客户满意度的重要环节。网上商城在提供物美价廉的产品的同时,售后客服也向消费者提供完善的售后服务,并将优质的售后服务作为平台竞争的一大优势。小涛和小雅在客服部经过一段时间的实习后,决定到各大知名网上商城去学习,开始尝试创作售后承诺的相关文案。

任务分解

本次任务是更进一步进行客户关系维系,对客户进行售后承诺。要完成该任务,必须先了解售后承诺的相关知识,了解保修期内及保修期外的售后服务,并且掌握售后服务的收费标准,满足大众心理的基本需求,确保维护每一位消费者的切身利益。

本任务可以分解为两个活动:了解售后承诺;确定保修期内、外售后服务。

活动1　了解售后承诺

活动背景

随着网络购物人群的日益扩大,商品成交量提高的同时售后服务流程也变得繁忙起来,售后服务的优劣直接影响消费者的满意程度。在市场激烈竞争的环境下,为了让消费者体验度达到极致,很多商家由开始的只重视销售产品转变为如今的着重强调优质的售后服务。而随着消费者维权意识的提高和消费观念的变化,消费者不再只关注产品本身,在同类产品的质量与性能都相似的情况下,更愿意选择这些拥有优质售后服务的公司。而售后承诺是售后服务最重要的环节,尤其在网上购物时,商家的售后承诺可使消费者摆脱疑虑、摇摆的心态,下决心购买商品。因此,文案创作者编写好售后承诺对商家来说至关重要。

活动实施

1. 售后承诺的概念

售后承诺是指将产品销售给顾客后,为消费者提供的一系列服务承诺。一般包括送货、安装以及上门服务等的承诺。

如图 6.3.1 所示,售后承诺是为保障消费者购买的产品质量建立的,是确保消费者权益保障的法律体系。消费者购买的产品出现任何问题,或者是损坏,都可以严格地按照厂家质保期进行质保。只要消费者填写售后服务申请书,写明售后需求和缘由、联系方式,就会有专业的售后服务人员为其提供最全面、最快捷、最人性化的服务,提供解决办法,解决问题,如图 6.3.2 和图 6.3.3 所示。

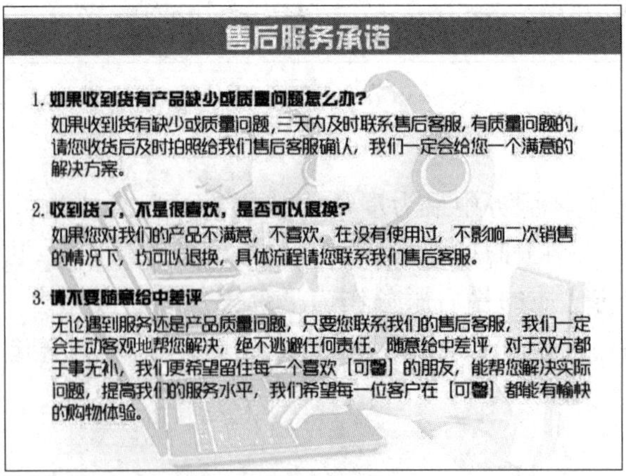

图 6.3.1　售后承诺

图 6.3.2　某数码专营店售后服务承诺卡

图 6.3.3　某旗舰店售后服务保障卡

2. 售后承诺的内容

售后承诺包括退换货服务承诺、维修服务承诺、保养服务承诺等。在售后服务承诺书上面还会有售后人员的客服电话,如果有任何问题,消费者都可以在工作时间打电话咨询对方,客服人员都会耐心解答,直到消费者满意为止。

有了最有力的文字承诺,消费者不用担心商家会对产品的质量问题坐视不管,一旦商家没有及时地提供有效的售后服务保障,将有法律监管商家和厂家,并对他们进行相关的有效处理,直至商家为消费者解决问题,这也是保障消费者权益的法律依据。

需要注意的是,根据产品的不同特性,以及厂家、商家的不同,所赋予的售后承诺的内容也各不相同。如图 6.3.4 所示为长安多功能汽车官方旗舰店的售后承诺,如图 6.3.5 所示为淄博星力电动滚筒有限公司的售后承诺,因产品不同,所承诺的内容也不同。

3. 售后承诺的作用

售后服务处于商品出售的后续追踪跟进阶段,售后服务人员要采取各种形式的配合步骤,通过售后服务来提高客户的满意度,增加回头率。售后承诺是售后服务的环节之一,很多企业一直在强调售后承诺的重要性,那么售后承诺究竟有什么作用呢?

对于用户来说,售后承诺打消了顾客的购买疑虑,保证了售后处理问题的效率,节省了顾客的时间和精力,为顾客维权提供了法律依据,保障了顾客权益,使顾客获得良好的购物体验。

图 6.3.4　长安多功能汽车官方旗舰店售后承诺

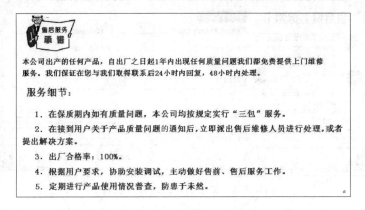

图 6.3.5　淄博星力电动滚筒有限公司售后承诺

对于商家来说,售后承诺可以使企业对产品的质量有更严格地把控,减少了售后纠纷,提高了售后服务的效率,提高了客户的服务体验,进而增加了大量的忠诚客户,使得销售业绩日益上升;同时,也提高了企业的知名度,营造了良好的口碑,提升了企业的品牌形象,如图 6.3.6 所示。

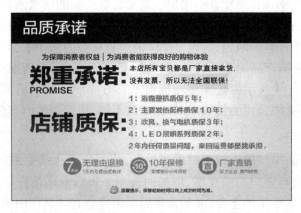

图 6.3.6　售后的品质承诺

4. 售后承诺的范例

文案创作者都有一个目的,就是要把商品销售出去,而好的售后服务体验注定拥有好的产品销售。所以,在网络购物中,要想让消费者对自己的产品充满信任,进而购买产品,就要有优秀的售后承诺文案让消费者放心选购。那么,售后承诺怎么写呢? 让我们一起来学习售后承诺的文案范例。

案例一:"祥和鞋业"售后承诺,如图6.3.7所示。

(一)包退:

凡在一个月内出现断底、断跟、断面、断帮等质量问题之一者;

凡属包换的质量问题而因故无法调换者。

(二)包换:

凡在一周内胶粘皮鞋发生开胶(帮底结合处脱落或弹开长度2厘米、深度0.5厘米以上者)、皮鞋面子严重掉浆、泛硝、夹里严重脱色之一者,调换同类新鞋;

凡未经穿过新鞋不成双、鞋子大小不一或鞋内出现钉头之一者;

凡属"包修"的质量问题在一个月内同一部位连续两次修理无效者,可酌情按原售价每日0.5%收取折旧费予以调换;或者征得消费者同意给予一次性补偿并予以修复。

(三)包修:

凡在"三包"期内出现下列质量问题之一者,负责包修:断底、断跟、断面、断帮、帮底断线、针脚不平、小跟面脱落、帮底结合处开胶脱落或弹出长度2厘米、深度0.5厘米以下者;

一个月内正常穿着情况下装饰物脱落、大底(成型底)鞋跟表面颜色喷涂层脱落的;

凡在一个月出现"包修"范围所列质量问题(除小跟面脱落)之一者,除修复外酌情补偿原鞋售价的10%~15%。

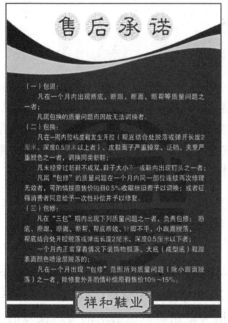

图6.3.7 "祥和鞋业"售后承诺

图6.3.8 "索尔"售后承诺

案例二:"索尔"售后承诺,如图 6.3.8 所示。

1.一年包换!坏了直接换新!

2.购物 0 风险,想买就买想换就换!

3.让你享受最好的售后服务!保障您的消费自主权!

7 天无理由退换:本店已签署《消费者保障 7 天无理由退换货协议》,我们承诺所售商品在符合退换货要求下,自签收 7 天内,都可以无条件退换。

15 天 0 风险无忧购物:本店承诺自收货日起 15 天内,如产品质量出现问题需要退换,本店承担来回快递运费,让您购物无忧。

2 年超长售后保障:我们向您郑重承诺提供第一年包换(1 年内逆变器坏了,不用修直接换新,省时省心),第二年免费保修的超长优质售后服务。

要想写出优秀的售后承诺文案,企业的售后服务人员必须在每天为客户提供服务的同时,也要做好工作总结,通过研究、摸索,总结出属于企业的完整的产品服务保障体系。只有一切以保证高质量产品与高质量服务为宗旨,做出相应的售后承诺,才能提高企业的信誉,提高产品品牌知名度,扩大产品的市场占有率,增加产品销售的效率及效益。

活动小结

通过学习,小涛和小雅深刻地理解了售后承诺对维护客户关系的重要性,也意识到优秀的售后承诺文案能让消费者更信任产品,更放心选购,进而促成交易。他们坚信不久的将来自己也能创作出优秀的售后承诺文案,为企业提高销售量。

> **做一做**　根据所学知识点并参照范例,写一篇关于某企业某产品的售后承诺文案。

活动2　确定保修期内、外售后服务

活动背景

买家除了关心商品的详细情况外,还会关心商品的售后服务,比如在什么情况下可以退货,在什么情况下可以换货,以及发生退货后产生的邮费由谁来承担,保修期内、外的售后情况如何等。售后服务也是产品的生产厂家或商家拟订的服务内容和交易条件,提醒顾客一旦成交即代表认可和同意了这样的交易条件,享受售后服务将按照此规定办理。

活动实施

1.区分保修期与质保期

在网上购物的过程中,我们会发现产品存在保修期和质保期两种说法。例如,对于格力家用空调来说,格力空调官网的包修政策写着:2019 年度家用空调(制冷量小于或等于14 000 W)整机包修六年,如图 6.3.9 所示;而在格力京东自营旗舰店的售后保障的"厂家服务"栏里写着"质保期为:六年质保",如图 6.3.10 所示。那么,保修期是不是等同于质保期,两者究竟有没有区别呢? 在确定保修期内、外售后服务时,我们需要先理清两者的关系。

01 包修政策

2019年度家用空调(制冷量小于或等于14 000 W)、移动空调、除湿机整机包修六年。

符合以下情况之一的不属于包修范围,服务商可按本手册有关规定实行收费维修:

1.1 消费者因使用、维护、保管不当造成损坏的;
1.2 非格力服务商所安装、维修造成损坏的(包括消费者自行安装或拆动维修的);
1.3 无包修凭证、无有效发票或无有效购买凭证的;
1.4 有效凭证、包修凭证不符或涂改的;
1.5 因不可抗拒的自然灾害或使用环境恶劣造成损坏的;
1.6 处理品、已超过包修期的产品。

图 6.3.9   "格力空调"包修政策

售后保障

 厂家服务

本产品全国联保,享受三包服务,质保期为:六年质保
本产品提供上门安装调试、提供上门检测和维修等售后服务,自收到商品之日起,如您所购买家电商品出现质量问题,请先联系厂家进行检测,凭厂商提供的故障检测证明,在"我的京东-客户服务-返修退换货"页面提交退换申请,将有专业售后人员提供服务。京东承诺:30天内产品出现质量问题可退货,180天内产品出现质量问题可换货,超过180天按国家三包规定享受服务。
您可以查询本品牌在各地售后服务中心的联系方式,请点击这儿查询……

品牌官方网站:http://www.gree.com.cn/
售后服务电话:400-836-5315

图 6.3.10   "格力空调"售后保障

(1) 保修期的概念

保修期是指厂商向消费者出售商品时承诺的对该商品因质量问题而出现故障时提供免费维修及保养的时间段。保修期要解决的问题是对交付后的使用中出现的产品质量瑕疵在一定期间内应承担免费维修的义务和责任。

需要注意的是,保修期内提供售后维修服务保障有付费和免费两种方式。人为损坏和不在厂商协定标准服务政策之内的(如进水),需要另付费;而在标准服务政策之内的,则免费。

由于现代产品中的高科技含量,产品的生产经营者与购买使用者之间出现了严重的信息不对称,购买使用者根本无从判断交付时质量合格的产品究竟能正常使用多长时间,因而对产品缺乏信任感和安全感。而同质化的批量生产又使得在同一产品上确定一个统一的保修期成为可能。生产经营者通过保修期的设定,可以增强购买使用者对产品的信任感和安全感,消除购买使用者的顾虑,从而顺利达成交易。而法律强制规定最低保修期的目的则在于保护在交易中居于弱势一方的购买使用者以实现利益平衡。可见,保修期的功能定位在于解决合同履行完毕后一定期限内出现的产品质量问题。

（2）质保期的概念

质保期是指厂商承诺的产品在正常使用情况下不会危及人身或财产安全的时间段。质保期要解决的问题是对产品交付后的使用中造成的人身或产品以外的财产损失应承担的侵权责任。

实际上，质保就是产品的品质保证，是任何产品都应具备的基本属性。产品的质保期由生产者提供，标注在限时使用的产品上。在质保期内，产品的生产企业对该产品质量符合有关标准或明示担保的质量条件负责，经营者可以放心销售这些产品，消费者可以安全使用，但不能认为质保就是提供终身保修。

过了质保期的产品并不意味着不能再正常使用，很多产品过了质保期后依然可以正常使用。但是，过了质保期的产品在使用过程中对产品以外的人身或财产造成损失时，产品的生产者和经营者将不再承担包括侵权责任在内的任何责任。也就是说，是否过了质保期是产品的生产者和经营者承担侵权责任的分水岭。对产品的生产者和经营者来说，质保期以外无责任。可见，质保期的价值功能定位在于解决产品在正常使用中产生的侵权责任问题，与保修期一起共同保障消费者放心地购买和使用产品，解除消费者的后顾之忧。

（3）保修期与质保期的关系

在实践中，保修期与质保期的关系最为密切，也最容易发生混淆。将保修期与质保期混为一谈的原因，一方面是质保期这一概念从字面上就容易让人理解为保证质量的时间，如果在质保期出现质量问题，免费维修是应有之义，因而容易使人误以为质保期只是保修期的另一种表达。另一方面，保修期与质保期虽然功能作用不同，但在时间上有很多情况下是重合的，也就是说，保修期同时也是质保期，生产者和经营者既要承担维修责任，也要承担产品使用中造成的人身或产品以外的财产损失的侵权责任。

质保是保修的前提，两者是不能通用的。而且一般情况下，保修期小于或等于质保期。要正确理解和区分保修期与质保期的关系，还是有必要将产品分为一次性消耗品和非一次性消耗品。在一次性消耗品中，不存在需要保修的问题，因而只有质保期没有保修期，不存在保修期与质保期重合的问题。只有在非一次性消耗品中，才存在保修期与质保期并存的问题。在非一次性消耗品中，虽然同时存在保修期与质保期，但一般保修期比质保期的时间要短，有时甚至要短很多。例如，一台彩电保修期整机 1 年，主要部件保修期 3 年，而质保期即商家承诺的最长使用寿命可达 15 年甚至更长。

总之，保修期和质保期两者在理论上很容易区分，但在实践中却很容易混淆，因为这两者在很多情况下都是重合共存的，很难在时间上截然分开。只有从功能定位和责任性质的角度，才能将两者很好地区分而不会发生混淆。

2. 了解三包规定的保修期

为了保护消费者的合法权益，明确销售者、修理者、生产者承担的部分商品的修理、更换、退货的责任和义务，国家根据《中华人民共和国产品质量法》《中华人民共和国消费者权益保护法》及有关规定，制订了三包规定。

（1）三包规定的含义

三包规定是零售商业企业对所售商品实行"包修、包换、包退"的简称,指商品进入消费领域后,卖方对买方所购物品负责而采取的在一定限期内的一种信用保证办法,对不是因用户使用、保管不当,而属于产品质量问题而发生的故障提供该项服务,如图6.3.11所示。

图6.3.11   三包规定

（2）三包规定的保修期

三包规定的保修期是国家为了保护消费者的合法权益和保证商品的质量而规定的,由生产者和销售者对其部分商品的缺陷和质量问题进行修理和对产品进行更换、退货的期限,这是一种强制性的规定。依据产品不同,三包规定的保修期也不同,具体时间规定如下:

①"7日"规定:产品自售出之日起7日内,发生性能故障,消费者可以选择退货、换货或修理。

②"15日"规定:产品自售出之日起15日内,发生性能故障,消费者可以选择换货或修理。

③"三包有效期"规定:"三包"有效期自开具发票之日起计算。在国家发布的第一批实施"三包"的18种商品中,如彩电、手表等的"三包"有效期,整机分别为1年,主要部件(主板、液晶屏、背光模组)为3年;在"三包"有效期内修理两次,仍不能正常使用的产品,消费者可凭修理记录和证明,调换同型号同规格的产品或按有关规定退货,"三包"有效期应扣除因修理占用和无零配件待修的时间。换货后的"三包"有效期自换货之日起重新计算。

④"90日"规定和"30日"规定:在"三包"有效期内,因生产者未供应零配件,自送修之日起超过90日未修好的,修理者应当在修理状况中注明,销售者凭此据免费为消费者调换同型号同规格产品。因修理者自身原因使修理超过30日的,由其免费为消费者调换同型号同规格产品,费用由修理者承担。

⑤"30日"和"5年"规定:修理者应保证修理后的产品能够正常使用30日以上,生产者应保证在产品停产后5年内继续提供符合技术要求的零配件。

值得注意的是,在三包保修期内,提倡销售者、修理者、生产者上门提供三包服务。但是属下列情况之一者,不实行三包,可以实行收费修理:

①消费者因使用、维护、保管不当造成损坏的;

②非承担三包修理者拆动造成损坏的;

③无三包凭证及有效发票的;

④三包凭证型号与修理产品型号不符或者涂改的;

⑤因不可抗力造成损坏的。

扩展知识点：

(一)三包规定的范围

1. 第一批实施三包的部分产品共 18 种：自行车、彩电、黑白电视、家用录像机、摄像机、收录机、电子琴、家用电冰箱、洗衣机、电风扇、微波炉、吸尘器、家用空调器、吸排油烟机、燃气热水器、缝纫机、钟表、摩托车。

2. 新三包规定中明确指出，实行三包的产品目录将由国务院有关部门制定和调整。

3. 随着移动电话、固定电话、微型计算机、家用视听产品这 4 种产品加入，截至目前，我国共有 22 种产品被纳入"三包"范畴。

4. 进口产品同样适用于新三包规定。

5. 未纳入新三包规定的产品，出现了质量问题，销售者均应依法负责修理、更换、退货并赔偿消费者由此而受到的损失。

(二)消费者购买的产品出现以下情况，有权要求经销者承担三包责任

1. 不具备产品应当具备的使用性能，而事先没有说明的；

2. 不符合明示采用的产品标准要求；

3. 不符合以产品说明、实物样品等方式表明的质量状况；

4. 产品经技术监督行政部门等法定部门检验不合格；

5. 产品修理两次仍不能正常使用。

三包规定对市场的健康发展起着重要的推动作用，对消费者权益的维护和保护也有重大的促进作用。在国家规定的部分产品三包有效期内，产品的生产者和销售者必须承担一定的义务和责任，若商品出现质量问题，消费者可以要求产品的生产者或销售者进行免费维修，或根据相关规定要求更换或者退货。了解三包规定的保修期，对列入《实行三包的部分商品目录》的商品，生产者和销售者可根据产品的性质和价值，向消费者承诺的保修期可以与商品的三包保修期一致，也可以比商品的三包保修期长，但是不得低于国家规定的部分商品的三包保修期。

3. 确定保修期内、外售后服务

很多买家想在网上购买家电或大件物品，或者数码产品时，总会担心出现质量问题后怎么解决。如上文所述，很多商家针对以上产品都会根据三包规定及产品的性质和价值向消费者承诺保修期，消费者可根据商家的保修期承诺情况解决售后问题。

(1)保修期内售后服务

保修期内售后服务是指商家在商品保修期内所提供的一系列服务，如上门检测、包修、包换、包退等服务。根据国家三包规定，各商家根据自己的实力，并结合产品的特性制订高于或等于国家规定的三包保修期，提供相应的保修期内售后服务。因而，不同品牌、不同产品的商家在保修期内的售后服务也各不相同。

基本上，凡属正常使用下由于产品本身质量问题引起的故障，保修期范围内的产品将不收取任何费用，厂家将负责给予免费维修；而因用户使用、保管不当，人为损坏和不在厂商协定标准服务政策之内的，则不免费维修，需要另付费。例如，格力电器家用空调保修期售后服务，如图 6.3.12 所示，与海尔冰箱保修期售后服务(见表 6.3.1)，两者虽然都是家用电

器,但由于厂家、产品的不同,保修期的售后服务也各不相同。

01 包修政策

2019年度家用空调(制冷量小于或等于14 000 W)、移动空调、除湿机整机包修六年。

符合以下情况之一的不属于包修范围,服务商可按本手册有关规定实行收费维修:
1.1 消费者因使用、维护、保管不当造成损坏的;
1.2 非格力服务商所安装、维修造成损坏的(包括消费者自行安装或拆动维修的);
1.3 无包修凭证、无有效发票或无有效购买凭证的;
1.4 有效凭证、包修凭证不符或涂改的;
1.5 因不可抗拒的自然灾害或使用环境恶劣造成损坏的;
1.6 处理品、已超过包修期的产品。

02 包换政策

按国家规定的三包期限,在包修期内,符合下列条件,而且用户拒绝维修时,可以换机。

2.1 产品自售出之日起15日内,发生主要性能故障,不能正常工作的,可以换机。
2.2 按国家规定的三包期限,在三包有效期内,主要性能故障连续维修二次之后仍不能正常使用的产品,凭修理者提供的修理记录和证明,可以换机,并按国家三包规定,重新起算更换机的包修期限。
2.3 产品质量问题导致换货的,原安装位置拆旧机、装新机不收取拆机费。

03 包退政策

3.1 按国家规定的三包期限,符合下列条件,而且用户拒绝维修或换机时,可以退机。
3.1.1 产品自售出之日起10日内,发生主要性能故障,可以退机。
3.1.2 自售出之日起一年以内,连续二次以上主要性能故障仍无法修好用户坚持退机的。

3.2对退机折旧费规定
3.2.1 对于不符合退机条件,但用户坚持要求退机的,自购机之日起,按国家三包规定每日1‰核收折旧费,其中应当扣除维修占用和待维修的时间。
3.2.2 对于退机或换机所置换下来的旧机,如有修复价值的,必须确保维修后机器质量及性能达到产品出厂质量标准,并严格按处理品实行处理。

图6.3.12　格力电器家用空调保修期售后服务

表6.3.1　海尔冰箱保修期售后服务

产品大类	国　家		企　业				安全使用寿命期
	整机	主要零部件	购买时间	整机	主要零部件	主要零部件明细	
冰箱	1 年	3 年	/	1 年	3 年	压缩机、压缩机附件、蒸发器、冷凝器、电磁阀、电脑板、箱体、门体、门封、铰链、温控器、传感器、限温器、过滤器、毛细管、电机、加热丝、制冰机总成、定时器等电器件	10 年

续表

产品大类	国家		企 业				安全使用寿命期
	整机	主要零部件	购买时间	整机	主要零部件	主要零部件明细	
家电下乡冰箱	1年	3年	2010年5月1日之前购买	1年	3年	压缩机6年,除压缩机以外的主要配件3年	10年
	1年	3年	2010年5月1日之后购买	1年	3年	压缩机、继电器、热保护、风扇电机、温控器、电源板、显示板、变频板、磁控开关、过滤器、电磁阀、传感器,包修12年,除以上12种配件以外的主要配件保修3年	
冷柜	1年	3年	/	1年	3年	压缩机、压缩机附件、蒸发器、冷凝器、电磁阀、电脑板、箱体、门体、门封、铰链、温控器、传感器、限温器、过滤器、毛细管、电机、加热丝、制冰机总成、定时器等电器件	
合同冷柜	合同冷柜三包按合同约定年限						

特别说明:
下列情况,不属于免费服务范围,可参照本收费标准实行收费修理:
①无法出示产品三包凭证;
②三包凭证(含发票)型号与修理产品型号不符或者涂改的;
③消费者因使用、维护、保管不当造成损坏的;
④未经我公司许可,自行修理或非承担三包修理者拆动造成的损失;
⑤超过三包有效期,经修复仍可继续使用;
⑥因不可抗力造成损坏的。

（2）保修期外售后服务

保修期外售后服务是指商家在商品保修期外所提供的一系列服务,如上门维修、上门检测等服务。对于大部分商家来说,保修期外的售后服务机制和效率与保修期内一致,但对超出免费保修期而需要维修的产品,商家需要收取维修成本费。例如,某公司的保修期外售后服务,如图6.3.13所示。

（3）确定保修期内、外售后服务

在产品同质化日益严重的今天,售后服务作为营销的一部分已经成为众厂家和商家争夺消费者的重要领地,良好的售后服务是下一次营销前最好的促销,是提升消费者满意度和忠诚度的主要方式,是树立企业口碑和传播企业形象的重要途径。加上网络购物不像实体店购物一样,不能够让消费者实实在在地接触到商品,具有一定的购物风险。因此,电商售后文案创作者要做的便是,把消费者担心的问题列举出来,如商品的使用寿命是多长,有什么保养商品的技巧,如何联系售后服务,商品坏了如何维修等问题,并承诺这些风险由商家承担,确定商品保修期内、外售后服务,以此来消除消费者的购物风险,通过承诺和实际行动换取消费者的信任。在这方面海尔无疑是做得很出色的,也是做得最早的。海尔在售后服务方面积累了大量实战经验,再加以科学合理的改进,其再服务模式已经成熟稳定,深得消费者认可,成为众多企业竞相模仿的对象之一。例如,海尔集团唯一官方商城智家商城的售后服务政策,如图 6.3.14 所示;某企业保修期内、外服务承诺,如图 6.3.15 所示。

售后服务内容及承诺

第一条　质量保修期限内售后服务: 36 个月免费上门维修期,终身服务。

第二条　质量保修期外售后服务: 质量保修期外售后服务机制与效率与质保期内一致:超过保修期外我公司提供设备维护和大修理所需的备件(**配件确保 10 年内保证供应**),在此维修中**仅收元器件成本费**,不收人工费。

第三条　过程维护: 每四个月对设备进行一次免费巡回维护。

第四条　报修响应: 售后服务部在接到维修通知,立即与客户取得联系;2 小时内给予答复,12 小时内给予最终解决方案,36 小时内维修人员服务到位,不得延误。若需将产品送回生产厂,我公司支付维修设备所需的往返运费。同时,为了不影响采购方的工作,我公司提供同型号备用设备,以确保采购方工作正常进行。

图 6.3.13　某公司保修期外售后服务

图 6.3.14　智家商城的售后服务政策

```
┌────────────────────────────────────────────────────┐
│                保修期内、外服务承诺                  │
│                                                      │
│  一、售后服务期限：                                  │
│    长期（质保期为一年），因工程质量问题本公司无偿维修，因甲方  │
│  使用问题或不可抗力造成的质量问题我公司收取成本费进行维  │
│  修。                                                │
│  二、服务承诺：                                      │
│    保修期内（质保期为一年），凡是本单位施工项目出现问题，随  │
│  叫随到，限时完成维修任务，保证业主满意。保修期外，若出现质量  │
│  问题，随叫随到，我公司将收取成本费进行维修。        │
└────────────────────────────────────────────────────┘
```

图 6.3.15　某企业保修期内、外服务承诺

需要注意的是，在确定保修期内、外售后服务时，商家对买家进行的承诺也要视自己的情况量力而行，不可不承诺但也万万不可胡乱承诺，言而无信所产生的负面效应是极其可怕的，也是难以消除的。

（4）售后服务收费标准

一般情况下，售后服务收费标准指的是保修期外服务的收费标准。

为了保障产品的正常使用，延长产品的使用寿命，为用户带来最大的社会及经济效益。同时为了规范企业售后服务行为，提高企业售后服务的质量和水平，在售后服务客户中建立良好的公司形象，各个企业都会结合行业服务的实际情况，制订一套保修期外的售后服务收费标准。例如，格力电器家用空调服务收费标准（见表 6.3.2、图 6.3.16）。

表 6.3.2　格力电器家用空调服务收费标准

格力电器家用空调服务收费项目指导价				
				单位：人民币/元
项　目	类　别	$Q<2$ 匹	2 匹 $\leqslant Q<4$ 匹	$Q\geqslant 4$ 匹	分体式天井机
		$Q<5\,000$ W	$5\,000\leqslant Q<10\,000$ W	$Q\geqslant 10\,000$ W	
拆机	内机	100	120	170	250
	外机	100	120	170	250
	整机	150	200	300	400
装机	内机	120	150	200	300
	外机	150	200	250	250
	整机	200	250	350	450
移机	内机	150	200	250	400
	外机	200	250	350	350
	整机	300	400	500	700

续表

简单清洗	内机	50		90
	外机	70		
深度清洗	内机	120	160	/
高空作业费	2~10 楼	100		
	11 楼及以上	150		
	同一家庭用户多台安装最高收费 300 元(若施工点在阳台、平台,不得收取高空作业费)。			
加长连接管	元/m	100	120	150
精安装	含管槽辅材:元/m	100		
安装支架	普通	40	80	
	不锈钢	80	150	
	1)安装支架包含膨胀螺栓(φ10 mm×100 mm 6~8 个);2)特殊膨胀螺栓可按 5 元/个;3)特殊定制支架的要与用户协商同意收费。			
拆装防盗网	70 元			
漏电保护开关	1)服务商提供符合国家安全标准的漏电保护开关并安装的收费 100 元/个;用户自购漏电保护开关,收取安装费 20 元/个;2)空调电源布线费:70 元(不含材料费)。			
打墙孔 /(元·个⁻¹)	1)普通砖墙(水钻):60 元/个。 2)钢筋混凝土墙(水钻)或孔直径 φ>80 mm:100 元/个。 3)特殊区域(如新疆)超厚钢筋混凝孔:150 元/个。			

1. 拆、装、移机均不含运输、维修、拆装防盗网、材料等费用,但已含补加冷媒及人工费用;若环境特殊需另外联系吊车或搭建脚手架等特种安装设备的费用,要预先与用户协商,征得用户同意收费,或由用户自行另请租赁吊装所需安装设备。

2. 加长铜管包括气管和液管(各一条)、排水软管、保温套、电源连接线、包扎带、焊接、补加氟利昂之费用;不足1米按1米计算,超过1米按实际长度计算;非格力提供材料,后期导致的质量或安全问题,不在包修范围之内。

3. 对于安装电源线路、漏电保护开关、焊拆防盗网、特殊墙体开孔(玻璃墙、保温板墙、瓷砖墙、木板墙等易碎材质)等工作,空调安装人员不具备条件完成操作的,为保障用户安全及利益,请用户找相关专业人员完成,产生费用由用户承担。

4. 简单清洗范围:对内机的蒸发器、过滤网、外壳等部件尘埃污物的清洗;对外机的冷凝器、风叶、外壳等部件尘埃污物的清洗。

5. 深度清洗服务范围:务必使用中性清洁剂对内机的蒸发器内部件、风叶、过滤网及外壳部件表面深度清洗。

6. 对以上收费项目及未列收费项目,服务人员必须提前给用户清楚说明收费项目内容,并征得用户同意方可维修收费。

7. 以上收费指导价如高出国家或地方法规标准,遵照国家或地方法规标准执行;相反,则参照本指导价执行。

8. 线上电商产品收费标准以电商网页指导价为准。

9. 经总部核准的特殊用户安装机,可向用户提供300元的解码遥控器及其操作指导。

10. 价格监督举报电话:4008365315。

图 6.3.16　格力电器家用空调服务收费标准

好的售后服务,合理、规范的售后服务收费标准能为企业盈利。产品销售出去以后,过了保修期,维修是需要收取相关费用的。假设产品有很多家服务商来竞争,那么选择权就在顾客手里,如何保住和争取到这一部分的增值利润,很大程度上取决于企业合理、规范的售后服务收费标准和企业整体的售后服务质量。

文案创作者在编写售后服务收费标准时,要树立顾客第一的原则,以法律、法规及有关规定为准则,以事实为依据,以达到顾客满意为目标,制订出合理、规范的售后服务收费标准,促使企业更好地改进产品和服务,使企业始终处在竞争的领先地位。

活动小结

通过学习,小涛和小雅了解了保修期与质保期两者的概念与关系,掌握了根据三包规定的保修期以及商家的具体情况来确定保修期内、外售后服务的内容,还学习了商家的售后服务收费标准,这使得他们意识到文案创作工作的重要性。在网络购物中,只有通过撰写相关文案政策承诺优质的售后服务,才能换取消费者的信任,让消费者放心地选购商品。

做一做 找出三家企业的保修期内、外服务承诺,并进行比较分析。

项目总结

客户关系管理是一个不断与客户交流,了解客户需求,从而提供更合适的商品和更优质服务的过程。售后服务是客户关系管理的最重要的环节,是一次营销的最后过程,也是再营销的开始。好的售后服务是一种广告,是为企业赢得信誉的关键环节。在文案创作的过程中,要明确售后服务的重要意义,以提升消费者的满意度和忠诚度为目的去撰写售后承诺,站在消费者的角度确定商品保修期内、外售后服务,制订出合理、规范的售后服务收费标准,实现买家价值的最大化,消除消费者的购物风险,确保维护每一位消费者的切身利益,通过承诺和实际行动换取消费者的信任,促使消费者下定决心购买商品,提高企业的经济效益。

项目检测

1. 单选题

(1)服装、鞋子等都是按尺码的(   )来区分规格的产品。

　　A. 长短　　　　B. 大小　　　　C. 轻重　　　　D. 深浅

(2)(   )包括吊牌(合格证)、耐久标、产品外包装、中文标签等。

　　A. 认证证书　　B. 授权信息　　C. 保修卡　　　D. 产品的生产信息

(3)卖家的发货时间,以(   )为准。

　　A. 买家下单时间　　　　　　　B. 卖家打印快递面单时间

　　C. 快递公司系统内揽件记录的时间　　D. 卖家输入快递单号时间

(4)退货(   )运费险是一种运费保险,分为退货运费险(买家)和退货运费险(卖家)两个类别,交易成功后运费险将自动失效。

　　A. 售中　　　　B. 售后　　　　C. 售前　　　　D. 以上都是

(5)售后服务收费标准指的是(   )服务的收费标准。

A. 保修期内　　B. 保修期外　　　　C. 质保期内　　　　D. 质保期外

2. 多选题

(1) 常用的产品规格区分方式有(　　)。

A. 按大小区分　B. 按重量区分　　　C. 按容量区分　　　D. 按长度区分

(2)(　　)都是按长度来区分规格的产品。

A. 尺子　　　　B. 绳子　　　　　　C. 固体类食品　　　D. 液体类食品

(3) 产品资质信息包括(　　)。

A. 授权信息　　B. 产品生产信息　　C. 认证证书　　　　D. 使用说明书

(4) 售后承诺包括(　　)。

A. 退货服务承诺　　　　　　　　　B. 换货服务承诺

C. 维修服务承诺　　　　　　　　　D. 保养服务承诺

(5) 三包规定是零售商业企业对所售商品实行(　　)的简称。

A. 包修　　　　B. 包换　　　　　　C. 包退　　　　　　D. 包保养

3. 判断题

(1) 产品规格是对产品名称中不能体现的产品参数信息的补充。　　　　　　　(　　)

(2) 退货运费险(卖家)是为解决买家在退货中由于运费支出产生的纠纷,保险公司针对网络交易的特征,适时推出的退货运费险产品,也简称"退运保险"。　　　(　　)

(3) 护肤品类、彩妆类产品等都是按重量来区分规格的产品。　　　　　　　　(　　)

(4) 保修期等同于质保期。　　　　　　　　　　　　　　　　　　　　　　(　　)

(5) 在三包保修期内,提倡销售者、修理者、生产者上门提供三包服务。　　　(　　)

4. 简述题

(1) 简述服装的三种尺码规格表示方法。

(2) 简述售后承诺的作用。

5. 趣味挑战题

(1) 你认为以下哪些商品需要保密发货?(　　)

A. 鞋子　　　　B. 卫生巾　　　　　C. 避孕套　　　　　D. 电脑

(2) 某件上衣尺码标明 160/80A,小明身高 159 cm,体重 75 kg,你觉得这件上衣适合小明穿吗?

www.🛒.com

项目7 生活中的文案——电商平台文案内容解析

项目综述

　　互联网时代,是一个"神文案"满天飞的时代,因为文案这个职业门槛看起来非常低,人人都可以写,所以我们看到社交平台上每天都产生许多"机智"的"文案"。

　　同时,文案也是一个很奇怪的行业,不仅因为它没有标准的生产流程,甚至连优劣评判标准都没办法统一。如早年间脑白金的广告文案"今年过节不收礼,收礼只收脑白金",这则广告在各大电视媒体平台反复播出,引起了很多广告创意人的反感。但是,这则广告却让脑白金的销量持续攀升,效果显著。其实,这种"反差"暗含一个现象:消费者购买切实所需的商品时,并不太在意自己是否曾经对广告有过无以言表的厌恶,只要消费者觉得产品能满足某种需求,他们就会产生购买行为。

　　虽然传统媒体文案的好坏评估没法统一,但同样是说话、写字,其传播效果是不一样的。优秀的文案确实能带来销售力,甚至改变人们的想法和行为,造就某种价值观。而另外一些文案虽然看似"精彩",却无法对销售提供帮助。幸运的是,对于互联网文案内容,在大数据技术的支持下,完全可以统计分析一篇内容推送出去后,24小时内的朋友圈二次传播量、增加粉丝量以及读者使用的终端型号,甚至可以统计出用户地域分布等信息,这对我们文案的创作具有参考价值。下面我们就解析一些文案,并分析它们的成功之处或问题所在。

　　小涛和小雅已经学习了网络文案写作的全部流程。他们坐在电脑前,开始运用所学的知识,品评生活中的各种文案。

项目目标

通过本项目的学习,应达到的具体目标如下:

知识目标

▶ 会判断生活中文案的优劣
▶ 理解优秀文案应该具备的要素

能力目标

▶ 能够找出优秀文案的亮点
▶ 能够发现问题文案的症结所在

情感目标

▶ 文案创作中有良性竞争意识
▶ 创作过程符合法律法规要求

项目任务

任务 1　成功文案内容赏析
任务 2　问题文案示例探讨

任务 1　成功文案内容赏析

情境设计

电商领域里的成功案例很多,小涛和小雅在观看的过程中,看到精彩的文案拍手称赞,感动不已,有些文案甚至过了很多天都没办法忘记。如何能写出这么优秀的文案?文案中有哪些要素这么吸引人呢?他们带着好奇心,继续研究。

任务分解

本次的任务是学会搜集生活中的文案,发掘成功文案的亮点,提炼出成功文案要素,并能够在日常创作的时候灵活运用,提高自身的文案写作能力。

活动 1　色：趣味色彩，激活观众细胞

活动背景

网络文案为了吸引客户眼球，都会采用简短的文字突出产品特点和优势。很多成功的案例中更借用了令人感同身受的场景、对白或耳熟能详的歌词，在体现产品价值的基础上，让人们对文案印象深刻、朗朗上口，便于产品特色的传播。

活动实施

案例一：支付宝用故事营造场景，渲染浓浓的生活色彩：

支付宝 10 年对账功能上线之前，拍了一部名为《账单日记》的宣传片，文案如下：

"生命只是一连串孤立的片刻，靠着回忆和幻想，许多意义浮现了，然后消失，消失之后又再浮现。"——普鲁斯特《追忆似水年华》

2004 年，毕业了，新开始，支付宝最大支出是职业装，现在看起来真的很装。

2006 年，3 次相亲失败，3 次支付宝退款成功，慢慢明白，恋爱跟酒量一样，都需要练习。

2009 年，12% 的支出是电影票，都是两张连号，全年水电费有人代付。

2012 年，看到 26 笔手机支付账单，就知道忘带了 26 次钱包，点了 26 次深夜加班餐。

2013 年，数学 23 分的我，终于学会理财了，谢谢啊，余额宝。

2014 年 4 月 29 日，收到一笔情感转账，是他上交的第一个月生活费（包养你）。

每一份账单，都是你的日记，十年，三亿人的账单算得清，美好的改变，算不清。

支付宝十年，知托付。

全篇都是在算账的场景，使得大家对支付宝这个产品的认识有了深度和厚度：每一笔支付，都与人生的一个阶段、一个细节息息相关，文案通过具体场景还原，在产品和消费者之间建立了深层次的情感链接。

案例二：一个话题，能不能热，关键是看和每个人有没有共鸣。宝马"悦过山丘"的文案引发了汽车行业的传播热潮，路虎、雷克萨斯、奔驰纷纷参与，成就了一场话题大餐，如图7.1.1 所示。

核心是李宗盛的《山丘》，具有很高的传唱度，自然共鸣度高。另外就是加入了 PK 的环节，一下子让众品牌参与感爆棚，也将产品特色绘声绘色地表达出来。

宝马公司根据李宗盛的歌曲《山丘》中的一句歌词"越过山丘，才发现无人等候"创作文案："越过山丘，才发现你已跟丢"。借此表达的是宝马车的产品优势：速度快。

此文案一出，激发了消费者的强烈兴趣，吸引了一众眼球。宝马公司尝到甜头后，其他一大批汽车品牌快速跟进，更增加了这次营销的趣味性。

路虎的文案："越过山丘，才发现你已掉进沟"。一句吐槽，突出了路虎"越野"的优势。

雷克萨斯的文案："越过山丘，才发现你已没油"。从反面表达雷克萨斯省油的竞争优势。

奔驰的文案："越尽山丘雪峰，才发现你们都已回家大修"。突出的是奔驰质量方面的优势。

图 7.1.1　各大汽车公司的"山丘"文案

当然,这种借用经典进行改编甚至恶搞的文案必须要与产品挂钩,突出产品的性能优势并符合营销活动的主题。如果说宝马公司的创意文案让人眼前一亮的话,那么其他品牌的跟进更懂得"借势"的道理。

活动小结

小涛和小雅意识到,相比语言文字中规中矩的文案,趣味性的内容更能吸引观众的眼球。他们开始搜罗各个店铺的文案,并把有创新性和幽默感的文案用心记下来。

做一做　找出你认为具有趣味性的文案,并与同学们分享。

活动 2　香:巧借东风,产品香气远播

活动背景

借势宣传是很多文案常用的方法。文案经常会蹭重大节日、社会热点事件或大 IP 的热度,以提高自己产品的知名度和关注度,如果能有机结合产品的特色,那么就可以趁此东风,香气远播了。

活动实施

案例一:华帝在世界杯开始前,以法国队官方赞助商的身份,启动了"法国队夺冠退全款"的活动,瞬间以一种世界杯营销的标杆的姿态,影响了整个厨电行业。接着,这种营销方式逐渐演变成了一种现象级的传播,甚至在非厨电行业也掀起了一股某球队夺冠或晋级就退款返现的跟风。

这种世界级的活动毕竟数量不多,并且对商家的经济实力有较高的要求。对于普通中小型商家来说,重大节日是"老天"赐予的最好的场景,抓住这些场景,非常有利于内容传播。

案例二：2017年的五四青年节，美团网"吃份外卖，想下人生"借势文案在朋友圈刷屏，如图7.1.2所示。

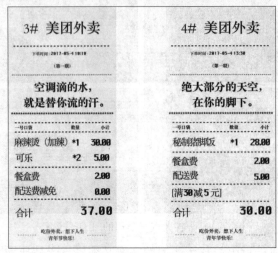

图7.1.2　美团网青年节文案

文案的内容刚好与青年人的工作状态或人生信条一致，蹭青年节的热度，不仅契合了美团网的客户群体特征，又用励志的方式和年轻人共同致青春。试想一下，如果这组文案不是发布在五四青年节期间，其传播热度还会这么大吗？

案例三：除了从外界借力，还可以根据产品自身的形象、际遇借力。在加多宝和王老吉产权纠纷过程中，加多宝也多次利用弱势形象进行社交传播。

加多宝在与王老吉争夺品牌使用权败诉后，在微博平台上用自嘲的口吻配以幼儿哭泣的图片推出了一系列"对不起"文案，反而占据了新媒体民意的上风。这种做法不仅赢得了广大消费者的同情心，促使其大量转发，还借助这组文案为品牌更名这一事件做了一场高效的传播，获得了口碑和销量的双丰收，如图7.1.3所示。

图7.1.3　加多宝"对不起"文案

借势的案例有很多，尤其在电商领域，大家同处一块网络天地之中，经常用文案"隔空对话"。在网民热议的事件中插上一脚，也能趁着热度分一杯羹。

案例四：2014年"双十二"，电商移动客户端展开"文案大战"，如图7.1.4所示。首先出招的是淘宝，它将自己的App首页的按钮图标改成了：真心便宜，不然是狗。

接着，京东App首页给出回应：拒绝假货，不玩猫腻。

随后,其他电商平台纷纷跟进,加入"猫狗大战"。

当当:敢不玩猫腻,敢不低是狗。

苏宁易购:真比猫正,更比狗省。

国美在线:货真价实,猫狗快闪。

1号店:若非底价,猫狗不如。

图7.1.4　"猫狗大战"页面

　　在这样的"文案大战"中,参与品牌通常都是一边拐弯抹角地"黑"竞争对手,一边巧妙地突出自己。而用户也乐得围观,一边"看戏",对各位"参战者"的表现调侃点评;一边兴致勃勃地参与互动,二次创作,诸如"给文案加鸡腿""膝盖拿走"之类的评语满天飞,甚至用户自己创作的文案作品也趁机"乱入",好比一场企业、品牌和用户共同参与的"狂欢"。

活动小结

原来借力而行这么重要,小涛和小雅像是打开了新世界的大门。确实,如果世界都是命运共同体,那么把商品与重要节假日或其他品牌事件联系起来又有什么不可能呢? 两位同学从几个重要的节日入手,开始研究各大品牌如何借势营销。

> **做一做**　列举中华民族的两个传统节日,说说什么商品适合在这个节日借势营销呢。

活动3　味:准确定位,人生回味悠长

活动背景

在互联网时代,产品是营销的起点,产品要引起热议必须具备两项特征:产品要有特点,能与消费者产生互动和共鸣;产品要自带社交属性,能制造话题,引发自主传播。对于大多数产品而言,没有悠久的历史,没有醇厚的文化,没有知名的品牌,要如何做到这两点呢? 优秀的文案往往能弥补这一不足。好的文案可以引起消费者的共鸣,在回味内涵之余更激发消费者主动传播的欲望。

活动实施

案例一:江小白可以说是最近几年通过新媒体内容运营创造出来的一个传奇白酒品牌。江小白团队并不是传统意义上的酒企,而是一家营销公司,江小白卖的也不是酒,而是对生活的态度,如图7.1.5所示。

图7.1.5　江小白1.0语录版

产品初期,江小白描绘了精致时尚的青春卡通形象,一句"我是江小白,生活很简单"的经典文案,切中奋斗中的都市青年的内心痛点。"小白"写出了职场新人的现状与无奈,"简单"是他们对工作和生活的期望,然而奋斗多年的都市青年,在面对期望与现实之间的差距时,又显得多么落寞与寂寥。产品的定位恰好切中目标客户的痛点,瓶身上的每一句话都说到心坎里,消费者自然就会自发地通过微博、微信等社交平台主动传播这些话:

亲爱的@小娜,重庆的冬天来了,你在北京会冷吗? 今天喝酒了,我很想你,一起喝酒的

兄弟告诉我,酒后第一个会想到的人是自己的最爱,这叫酒后吐真言,已经吐了,收不回来了。

我们最先衰老的,从来不是容颜,而是那一份,不顾一切的闯劲。

我们那些共同的记忆,是最好的下酒菜。

世界上最遥远的距离,是碰得了杯,碰不了心。

愿十年后,我还给你倒酒;愿十年后,我们还是老友。

江小白1.0语录版是江小白创造的好文案,消费者接收后产生无限共鸣。虽然这种营销方式一爆而红,但是毕竟是单向传递给消费者,互动具有一定局限性。

为了让消费者深度参与,成为更忠诚的用户,江小白2.0表达瓶,采取留白的形式,一句"我有一瓶酒,有话对你说",激起消费者无限的表达欲。数千万消费者在聚会、失恋等不同的场景有不同的情绪发泄文案,成为江小白的海量文案库,江小白会从中筛选部分内容变成用户对产品的表达,如图7.1.6所示。

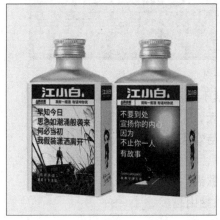

图7.1.6　江小白2.0表白瓶

江小白无异于用文案进行了一次全民营销。这种近乎私人订制的文案设计,打破了创意的边界,让江小白2.0表白瓶将产品变成了像微博、微信朋友圈一样表达自己态度和行为的载体。产品从传统的白酒变成了超级媒体和宣泄的出口,每个消费者都成为江小白的代言人。最终,他们既是内容的消费者,又是内容的生产者。这种参与感和满足感更符合都市青年们的心态。

案例二:如果说江小白准确定位了都市青年的形象,那么"步履不停"就是"文艺女青年"的代言。商家在思考品牌定位时聊到:"她像夏日里路过的一阵风,清淡自然,却回味悠长。她喜欢穿什么逛什么,棉麻、长裙、草帽,日式杂货店、咖啡馆……""还没追到喜欢的女生,就先卖卖她可能会喜欢的衣服吧。"就是这样对未来女朋友形象的想象,步履不停的两位老板就决定了他们的客户定位——文艺女青年。

步履不停像一位明朗的文艺女青年,传递着对生活的积极态度。她不埋怨,不退缩,活成了每个少女心中自由、温暖的样子:

我想飞回旧时光,

那里的空气里只有空气。

$PM_{2.5}$,是我们都不认识的化学名词。

那里青草的味道,

比商场里的香水好闻一百倍,

你的笑声,

随随便便就能冲进音乐的排行榜。

我想飞回旧时光,

日子一天就是一天,

没有睡不着的夜晚也没有醒不来的早晨。

我想飞，飞回那个 1 加 1 等于 2 的世界，
你坐在我隔壁，马尾辫一翘我的心一跳。

清晨的鸟鸣像一针一线，
在黎明中缝制新衣不紧不慢。
蓝色条纹里藏着夏天，
梨花随风落一地晚樱静静与蜂飞舞，
不想说话的背带裤，
在沉默里唱着动人的歌谣。
雨滴路过绿瓦青砖白色的风翻山越岭，
我们低头一笔一画，
把自己写进别人的故事里。

寻常日子的好，
像花开在三月云朵四处流连。
像猫的哈欠狗的瞌睡，
像保罗麦卡特尼唱起 HEY JUDE
寻常日子的好，
像吃碗葱油拌面再喝瓶可乐，

像麻雀飞到窗口蝴蝶身前背后,

像清水流过菜叶阳光照暖洋葱。

寻常日子的好,像姑娘穿着花裙路过,

像春风阅读辛波斯卡的诗集。

像你回头,看了我一眼。

步履不停靠出彩文案来销售女装,每一件商品都有一段写意生活的文字作为烘托,因此从品牌到产品到文案,"文艺"贯穿整个品牌乃至产品文案的主线。由此,其年营业收入达4 000万元。

如何让你的文案值得回味呢?最简单的办法就是,把你的内容、作品当成一个有明确性格的"人",当目标用户看到这个"人",就好像看到了自己。这就要求我们在编写文案的时候,将情感赋予文字,并且语言清晰,将要传递的信息和价值融入文案的"血肉",而不是假大空地堆砌文字。

活动小结

优美的文案值得回味,准确的定位让文案更有代入感。小涛和小雅开始搜集江小白和步履不停的文案,回味品牌所展现的性格。

做一做 你觉得还有哪些品牌的性格鲜明,让你久久不忘呢?

活动4 形:多渠道配合,抓住受众眼球

活动背景

约束文案创作的条条框框很多,创意也很容易被思维定式困住。在互联网时代,如果不甘于平庸,就一定要有综合利用周边资源的眼界和能力。只有留心身边事物,勤于动脑,尝试各种渠道的配合,才能使产品形象生动、立体。

活动实施

案例一:芝麻信用就把营销文案投放在地铁站,这里是目标顾客聚集地。同时,用脑洞

大开的表现形式吸引用户,如图 7.1.7 所示。

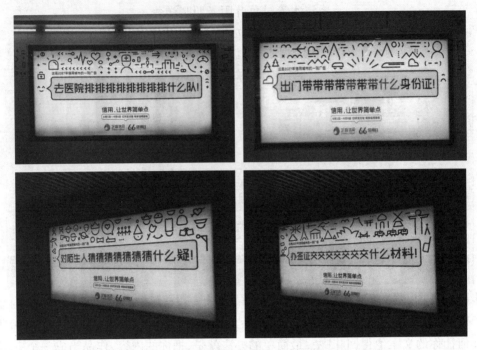

图 7.1.7　芝麻信用在上海某地铁站的营销文案

　　这组文案很快在朋友圈刷屏。这组被网友戏称为"压着键盘"写出来的广告,其实很符合地铁中人们的视觉特点。将原本一闪而过的广告设计成"结结巴巴"的表现形式,在飞驰而过的地铁内也能迅速 get 到产品要表达的内容,让受众一下子能感受到商家的幽默与特色,成功地抓到了记忆点和戳中了痛点,凸显芝麻信用想用户所想、急用户所急的形象。

　　案例二:盘点多渠道配合的营销高手,央视应该是成功者之一了。2020 年 4 月 1 日,新冠肺炎疫情在中国得到有效控制之后,央视新闻发起了"谢谢你为湖北拼单"公益行动,随即引爆网络。此前送别援鄂医疗队时,"谢谢你,为湖北拼过命"成为热门金句,而现在,买莲藕、吃热干面成为潮流,"我为湖北拼过单"成为新的网络金句。"全国搭把手,你一单我一单,湖北的经济才能活起来,湖北才能早日归队。"这一句句暖心的文案,像一个慈父,把家人们的目光牵引到刚刚受难的兄弟身上。

　　不仅如此,央视新闻还联合多家媒体为湖北带货。4 月 6 日晚上,央视主持人朱广权和直播带货一哥李佳琦的"小朱配琦"组合,直播首秀就吸引了千万网友同时在线观看,微博热搜引发 3.3 亿阅读量,如图 7.1.8 所示。4 月 12 日晚,央视主播欧阳夏丹连线王祖蓝,与湖北省十堰市副市长、多位明星和直播达人共同为湖北经济复苏助力,并在宣传海报上直呼:谁都无法祖蓝(阻拦)我夏丹(下单),如图 7.1.9 所示。

　　如果说央视的活动把传统媒体、直播平台、影视明星、政府号召等多种营销渠道进行整合的话,那么这期间淘宝平台的湖北特产店就更是抓紧时机,纷纷用文案表达心声。一大批网店店主通过首页海报抒发了身为武汉人的自豪,如图 7.1.10 所示;另一部分则在海报中表达了对向武汉伸出援助之手的人的感谢,如图 7.1.11 所示;还有的描绘了春的图景和复苏的希望,如图 7.1.12 所示;更有在倡导继续战"疫"的同时巧妙地宣传商品的,如图 7.1.13 所示。

图 7.1.8　第一次公益直播宣传海报

图 7.1.9　第二次公益直播宣传海报

图 7.1.10　抒发自豪感的海报

图 7.1.11　表达感恩心情的海报

图 7.1.12　春意复苏的海报

当大家看到"'藕'为湖北加油!""每次见面都是春樱绽放时"等一条条灵动的文案时,感觉好像久违的朋友回到了身边。这些文案在抓住眼球的同时,更把店铺拟人化,让消费者心系商家的命运。甚至有网友称,"医术我不行,下单第一名""我为湖北胖三斤""热干面,你终于回来了"。

除了借力央视的影响外,聪明的商家更结合了政府的助力以提高销量。疫情得到有效控制后,湖北各地的县市长纷纷转换角色,走进网络直播间宣传当地特产,促进滞销农产品的销售。有些网店借此良机,又增加一条推广渠道,如图 7.1.14 所示。细心的商家不仅做到与外界渠道相配合,甚至细致到连主图、标题等处都传递着温暖,如图7.1.15所示。

图7.1.13　战"疫"宣传的海报

图7.1.14　借力县长直播

　　这些商家紧跟时事、充分利用资源的营销方式是值得肯定的,如果能创作出符合自己商品特色的文案更是锦上添花。具体要怎么做呢?让我们学习一下"国家级段子手"朱广权的文案。

　　卖热干面文案:

　　人间烟火气,最抚凡人心,漫步东湖畔,黄鹤楼俯瞰。荆楚文化让人赞叹,但不吃热干面让人遗憾。黄鹤楼长江水一眼几千年,老汉口热干面韵味绕心间,愿亲人都平安,春暖艳阳

图 7.1.15　主图与标题的改变

天(引用自李宇春《岁岁平安》)。

卖藕文案:

"藕"代表着佳偶天成,而且无独有偶,吃了藕就不单身了。吃了藕就不会变心,因为奇变"藕"不变,符号看象限,所以吃了藕海枯石烂心不变。

卖绿豆糕文案:

清热解毒顺气,口感清爽不腻,组织细润紧密,又对身体有益。不黏牙,真的不黏牙哦!

想一想　你能列举生活中的成功电商文案吗?

活动小结

小涛和小雅又看了大量的经典文案,参照真正岗位的产品进行分析,他们向张主管中请为公司的产品写文案,他们已经跃跃欲试,准备去了解产品属性、寻找卖点了。

做一做　你觉得小涛和小雅要完成文案创作,还需要做哪些准备呢?

任务2　问题文案示例探讨

情境设计

电商领域里的文案有成功的,更有具有争议的。小涛和小雅在观看的过程中发现了一些文案虽然感觉精彩,但却对销售没有促进。这是为啥呢? 他们两个百思不解,就去请教张主管。

任务分解

好的文案都具备相同的要素,而问题文案却各有各的症结。当你分析完产品定位、竞争对手、目标用户、营销渠道之后,文案的大概思路以及产品属性、卖点已经确定,那么为什么还有很多人写出的文案无法吸引眼球呢? 本活动旨在带领大家分析文案创作中的典型问题,并提高文案创作的法律法规意识。

活动 1　杂:卖点杂糅,不能打动受众

活动背景

文案永远不要写自己想说的话,而应该追溯并且洞察消费者的痛点和需求。文案的本质,是帮助消费者解决问题。一个问题,就是一个需求、一个利益点,并对应一种解决方式,这里是一个标准的思考流程。文案的目标人群不同,需求就不同,要突出的卖点就有差异,写作的方向和方法也会有所不同。对消费者的理解是要搞清楚不同人群的区别,不能把所有人群的需求杂糅到一个文案中,没有针对性的营销就不能击中消费者痛点,就不能打动受众。

活动实施

写榨汁机的文案,要怎样着笔呢? 以下是某榨汁机的文案:

榨一杯果汁只需要 10 秒;

榨汁机比传统的产品更小巧,不占地方;

材料是母婴级的,安全无毒;

榨完汁,杯子一冲就干净了,很方便;

榨果汁很方便,很静音,让生活健康。

这款文案发布后,榨汁机的销量依旧平平,在大众对生活要求更便捷、更精致、更安全的今天,每句话都似乎迎合了消费者的喜好。可为何销量却没有达到预期效果? 理由很简单,恰恰是因为文案中突出了太多卖点,把不同的需求杂糅在一起,貌似迎合了消费者,却忽略了产品真正的受众群体的诉求。写文案之前,要学会筛选真正的受众,并站在消费者的角度思考对产品的诉求,如图 7.2.1 所示。

图 7.2.1　文案写作思考路径

结合本案例,榨汁机目前在我国的普及度还不高,很多人家里没有这个东西,因而商家真正的目标群体应该是还没有买榨汁机,甚至是对榨汁机没有基本认知的人。所以文案的

首要任务是告诉消费者使用商品的好处,让读者"想要"榨汁机,然后才是介绍榨汁机使用的方便、安全等特点。那么如何让受众"想要"榨汁机呢? 如图 7.2.2 所示。多汁的果蔬里榨出诱人的果汁,给人唇齿留香之感。

图 7.2.2　榨汁机

告诉受众,明天起床后,可以剥开一根菲律宾帝王香蕉,切开橙黄色的软糯果肉,把它丢进榨汁机里,加入从天然草原刚采来的鲜牛奶,旋转杯体,10 秒之后就能喝到鲜纯爽口的香蕉牛奶,香蕉的甜蜜和温柔的奶香在嘴里碰撞,用好心情开启新的一天。

告诉受众,不再喝含有各种添加剂的超市饮料,有了榨汁机,陪伴他的将是菠萝黄瓜汁、柳橙奇异果汁、柚子葡萄汁等五颜六色的蔬菜水果,这些大自然恩赐的礼物浓缩成纯天然蔬果汁,更加滋润皮肤,告诉读者三个月后会在镜子里看到一个皮肤透亮的全新的自己。

只有通过强烈的观感打动受众,把他们转变成潜在消费者,只有"想买"榨汁机之后,才可以适时推出以产品属性优势为卖点的文案。清晰的运营思路,配合明确的卖点,直击人性,才能事半功倍。

活动小结

产品的卖点不是越多越好吗? 小涛和小雅开始理解一个需求对应一个利益点的意思,卖点的堆砌确实会让消费者找不到商品的优势。他们也开始意识到,锁定目标群体,找到这些人的痛点,才是确定卖点的关键。

做一做　说出你家人使用过的手机型号,并对比它们各自的卖点是什么?

活动 2　乱:定位混乱,自降产品身价

活动背景

合理的定位基础是对用户进行细分,找到属于自己的目标客户,而不能盲目扩张,试图做所有人的市场。即使强大到如可口可乐也仅仅是做"更喜欢正宗可乐"的消费者那一部分人群,而把年轻人的市场让给了百事可乐。一旦采用"一网打尽"的策略,就会导致文案特点不鲜明,或者产品前后定位不一致,甚至影响产品的原有价值。

活动实施

下面是某品牌饮用水在销售过程中不同定位的广告文案,如图 7.2.3 所示。

"长白山天然矿泉水";

"天天饮用,自然美丽";

"天天饮用,健康长寿"。如图7.2.3所示。

图7.2.3 某品牌饮用水的广告文案

该公司能够给消费者带来的差异化价值到底是什么?是自然纯净的水?还是给女士美容用的水?抑或是给希望长寿的群体喝的水?该品牌饮用水用时15天,投入了13个亿打广告,聘请多个一线大牌明星做代言人,投入不可谓不大,宣传不可谓不用心。然而,该品牌的核心价值并没有清晰地被消费者感知到,消费者始终无法说服自己用大价钱购买这款产品,"一网打尽"式的宣传没有网罗到心仪的用户。

定位的原则是做减法而不是做加法。饮用水行业竞争格局已经形成,消费者心智的有限空间被传统的饮用水强势品牌占有,哪怕你的产品利益点再多,也要经过竞争分析找出在消费者心智中空白的利益点作为品牌的定位。其实以该品牌的实力,足以支撑高端饮用水的定位。它需要做的是提炼核心价值,通过持续不断的一致性传播,将品牌优势植入目标消费者的心中,让消费者心甘情愿地掏钱购买。

活动小结

小涛和小雅惊喜地发现,即使是可乐也有不同的市场细分,即使是矿泉水也应该有明确的定位。消费市场的广阔使得哪个企业都很难垄断整个行业,那么做好自身产品的定位才不会在竞争中自乱阵脚。

做一做 寻找一款你经常购买的商品,说说它的定位是什么。

活动3 无:卖点缺乏,文案产品脱节

活动背景

在社交网上,经常流传着一些"最佳广告创意"作品。每次点进去看,都会为那鬼斧神工的广告创意而惊叹。但是,要是问大家那些创意出自哪个品牌,描述的是哪种产品,人们通

常很难答得上来。其原因在于文案中缺乏明确的卖点,使消费者很难将其与产品建立联系。

活动实施

先给大家讲一个故事:

一个刚到美国留学8天的男孩,第一次邀请来自不同国家的朋友到家里聚餐,大家都带了各自国家的美食撒手锏。为在外国人面前展示一道地道的中国菜,男孩向国内的母亲求教番茄炒鸡蛋的做法。"妈,番茄炒蛋是先放番茄,还是先放鸡蛋?"母亲通过语音教程教儿子做菜,父亲也凑到语音里跟着瞎掺和,男孩手忙脚乱,也没听清具体要怎么做。外国朋友们马上就到了,男孩心急如焚。就在这时,母亲发来了清晰的番茄炒蛋现场视频教程。男孩顺利做好了番茄炒鸡蛋,以地道的中国美食赢得朋友们的肯定和赞赏。这时,有个朋友问到中美两国的时差,男孩才想到,就在他和朋友们聚餐的这个白昼,中国应该是万籁俱寂的深夜……

这是一则当时刷爆社交媒体的创意广告《世界再大,大不过一盘番茄炒蛋》,一句文案"你的世界,大于全世界。"让无数海外游子动容。你知道这是给哪个商品做宣传吗?

这是一则信用卡广告,如图7.2.4所示。某银行紧抓了留学生和家长之间的真实情感:虽然不能随时陪伴在孩子身边,但通过一张信用卡可以让孩子在外随时感受到来自家的安全感,为孩子出门在外保驾护航。通过这一种心理需求,以求捕获留学生和家长的注意力。

图7.2.4 某银行信用卡广告

这个想法确实不错,但广告中出现的多条线索却影响了卖点的表达。有网友质疑:这一类生活不能自理的"妈宝男"在出国期间使用父母的信用卡,无非就是在花天酒地地混混日子,极有败坏风气的感觉。更有其他产品引用这个故事为自己的产品做宣传,把某银行的内容去掉,加入自己的宣传语:"世界再大,大不过一盘番茄炒蛋?大错特错!其实世界很小,小到孩子和父母的距离,只差一个某美食App!如果某美食App不能教会你做菜,那估计爸妈也没办法了……"这种嫁接似乎比宣传信用卡更贴切,有网友甚至嫁接了长途电话卡、微信等广告。广告热度持续升温,但信用卡受关注程度却逊色不少。广告派生出的多个卖点成为宣传信用卡的致命伤,最后导致文案和产品脱节。

同样的例子屡见不鲜。如:

"爸,你在哪儿?我不要玩了,出来啦!"

这是一则广告短片的文案,故事描述了一个失去了爸爸的小女孩寻找爸爸的感人片段。作为一家寿险公司的广告作品,该短片曾获得广告大奖,并拥有数百万的点击量。但是,大多数人只记住了故事,却没记住这是哪个品牌的广告。

为什么广告红了,却让人记不住产品和品牌?因为广告可以属于任何一个同类公司,品牌的差异化,并没有在广告和文案中被突显出来。用产品的共同性来设计广告诉求,就会造成广告红,品牌不红的现象。

活动小结

小涛和小雅回忆近几年比较火爆的电商文案,并尝试从中提炼商品卖点。他们发现确实有一些文案过于抽象,与产品脱节了;而大部分文案则把卖点轻松地展示在消费者面前。他们很佩服这样的创作能力,并暗下决心向其学习。

做一做　说说你最喜欢的电商文案,并提炼它的卖点。

活动4　章:不遵章法,触碰法律红线

活动背景

我们都在说创意,文案的创意好了,广告效果就好了吗? 对于企业来说,要投放一则创意丰富的广告,总是会借鉴一些优秀的广告文案,不过这样也存在一定的弊端,因为你只知道这些比较好的卖点,却不知道哪些卖点是不好的,很容易走进广告误区,甚至触碰红线。

活动实施

还记得任务1中列举的"山丘"和"猫狗大战"的例子吗? 商家之间进行的"互黑",是在热度期内竞争者之间的一种"默契"。如果平白无故直指竞争对手,甚至捏造竞争对手的弱点,不仅会影响自身形象,严重的还会触碰法律红线。某专车公司在发布的一组营销文案中打压竞争对手,对自己的形象也造成了损害,如图7.2.5所示。

"乌伯,我们不约!"

"毒驾,酒驾,罪驾! 1%的风险,100%的伤害。别让自己,成为黑车司机的马路游戏。"

图7.2.5　某专车公司宣传文案

其中的"乌伯"就是"UBer"的音译,"Beat U"这几个关键的词语让人很难不联想到优步,这是赤裸裸的品牌攻击。这组文案是在给用户营造恐慌的氛围,向大众传达一个信息,那就是我们的社会不够和谐,处处充满危险。可是该专车公司就能解决这些问题了吗? 当然不能! 此外,该公司营销海报除了针对优步以外,同时还波及了无辜的人群,例如"90%的

司机"。不能解决问题反而给用户带来不好的情绪,只会增加用户反感度,由此可知,恐惧营销过度也是一种失败。

即使是电商界的大 Boss 也难免有触碰红线的时候。淘宝网首页的一张海报引发网友强烈不满。"男女平等""生儿生女都一样"不仅是国家宣传的方向,更成为大多数人的共识。但是,淘宝网首页海报中一位准妈妈的图片却引发网络哗然。该图配上"生了女儿怎么办?二胎用碱孕宝"的文字,赤裸裸的性别歧视,严重违反广告法。

江苏省妇联《莫愁》杂志微信公众号"莫愁大观园"发表题为《淘宝,你欠每个女人一个道歉!》的文章。随后,"中国妇女报"公众号就刊发《"吃碱性食品生男孩"纯属忽悠!》的文章,由头就是当时淘宝网首页的碱孕宝广告。当时的广告词更戳心:如愿了,终于能传宗接代了。

阿里巴巴旗下营销数字平台阿里妈妈随即发布官方声明道歉,表示自身存在"审查不严"问题,已在第一时间将这条广告下线,并对相应商家作了账户违规和扣分处罚。

自新广告法出台之后,很多文案词已经被禁,违规甚至要承担高额罚款。比如"最"系列、"第一"系列、"顶级"等词不可以用。如"某手机具有最时尚的外观""某奶茶全国销量第一""某音响给你带来极致的听觉盛宴"等说法均属违反广告法。文案从业人员要对相关的法律法规多加留意,以免失误触碰红线。

想一想　你能列举生活中的问题文案吗?

活动小结

小涛和小雅认识到文案创作中容易出现的问题,并提醒自己要多加注意。他们又查找了文案写作的相关法律法规文件,比如《广告法》等,更全面地提高自己的文案写作能力。

做一做　除了《广告法》,还有哪些法律法规是文案从业人员应该认真学习的呢?

项目总结

网络文案写作是一项既有前景又有挑战的工作。我们通过一个学期的学习已经掌握了文案写作的基本知识,也跟着小涛和小雅一起了解了文案策划岗位。在电商行业不断发展、网店竞争日益激烈的今天,希望同学们能够不断吸取文案创作的灵感,在自己的工作岗位上不断努力,为网络文案领域添彩。

项目检测

1. 单选题

(1)以下哪些词可以用在文案写作中?(　　　)

　　A. 顶级　　　　　B. 第一　　　　　C. 最　　　　　D. 都不可以

(2)合理的定位基础是(　　　)。

　　A. 细分用户　　B. 扩大市场　　　C. 寻找价值　　　D. 价格对比

2. 多选题

(1) 文案写得精彩可以借助以下哪些势?(　　　)

　　A. 重大节日　　　B. 社会热点事件　　　C. 大 IP 的热度　　　D. 社会恶性事件

(2) 创作文案之前,要分析的内容有哪些?(　　　)

　　A. 产品定位　　　B. 竞争对手　　　C. 目标用户　　　D. 营销渠道

3. 判断题

(1) "某凉茶,凉茶界的老大!"是很有冲击力的好文案。　　　　　　　　　　(　　　)

(2) 文案创作过程中定位的原则,是不断给商品增加价值。　　　　　　　　　(　　　)

4. 简述题

(1) 请分别找到可口可乐和百事可乐同时期的文案,对比它们的客户定位及卖点。

(2) 杜蕾斯一直被称为文案届的"大神",但是偶有"翻车"情况。请找到其成功文案和问题文案各一个,对比成功原因和问题原因。

5. 趣味挑战题

你知道李子柒吗？请分析一下她的商品定位是什么,文案的特点有哪些。

www.🛒.com

参考文献

[1] 苏航. 软文写作与营销实战从入门到精通[M]. 北京：人民邮电出版社，2016.

[2] 宋俊骥，孔华. 电子商务文案——创意、策划、写作[M]. 北京：人民邮电出版社，2018.

[3] 廖敏慧，倪莉莉. 电子商务文案策划与写作[M]. 北京：人民邮电出版社，2016.

[4] 罗岚. 网店运营专才[M]. 南京：南京大学出版社，2010.

[5] 张国文. 打动人心：电商文案策划与视觉营销[M]. 北京：人民邮电出版社，2017.

[6] 安佳. 电商文案写作全能一本通[M]. 北京：人民邮电出版社，2018.

[7] 泊明. 所有营销都是娱乐营销[M]. 广州：花城出版社，2016.

[8] 墨语. 淘宝文案[M]. 北京：电子工业出版社，2018.

[9] 苏海. 文案编写实战宝典[M]. 北京：清华大学出版社，2017.

[10] 金牌文案联盟. 金牌文案[M]. 沈阳：辽宁科学技术出版社，2011.

职业教育电子商务专业系列教材

"十四五" 职业教育国家规划教材

电子商务基础（第3版）
主编：钟雪梅
书号：978-7-5624-9541-3

电子商务物流（第3版）
主编：雷颖晖
书号：978-7-5624-9542-0

网络客户服务实务（第3版）
主编：廖文硕
书号：978-7-5624-9592-5

移动电子商务（第3版）
主编：容湘萍　肖学华
书号：978-7-5624-9595-6

网店运营（第3版）
主编：张雪玲
书号：978-7-5624-9978-7

网店装修（第3版）
主编：张文彬
书号：978-7-5689-0146-8

网络推广（第2版）
主编：许嘉红
书号：978-7-5689-0837-5

网络客户服务综合实训（第2版）
主编：詹益生
书号：978-7-5689-0976-1

未完，待续……

"十四五"职业教育国家规划教材

商务软文写作（第2版）
主编：唐汉邦
书号：978-7-5689-0979-2

网络广告制作精选案例（第2版）
主编：李浩明
书号：978-7-5624-8579-7

网上开店（第3版）
主编：欧阳俊
书号：978-7-5624-9770-7

网店美工实战（第2版）
主编：孙 令
书号：978-7-5689-2184-8

直播电商基础（第2版）
主编：彭 军
书号：978-7-5689-2966-0

网店运营综合实战
主编：吴 成 王 薇
书号：978-7-5689-2965-3

网店视觉营销设计与制作
主编：叶丽芬
书号：978-7-5689-2964-6

跨境电子商务实务
主编：李晓燕
书号：978-7-5689-2980-6

未完，待续……